校企合作民航服务类专业精品教材

互联网+教育改革新理念教材

民航服务心理学

（第2版）

主编　严光玉　贾红国

教·学
资　源

航空工业出版社

北　京

内 容 提 要

本书主要介绍了民航服务心理学的相关知识。全书共分八个项目，具体内容包括揭开面纱——走近民航服务心理学、周到贴心——知悉旅客知觉、及时满足——透视旅客需要、平稳调控——察觉旅客情绪、投其所好——洞悉旅客个性、换位思考——安抚旅客群体、处变不惊——应对意外状况、积极面对——塑造健康心理。

本书可作为各类院校空乘服务与管理等相关专业的教材。

图书在版编目（CIP）数据

民航服务心理学（第 2 版） / 严光玉，贾红国主编. -- 2 版. -- 北京 : 航空工业出版社，2021.11（2023.12 重印）

ISBN 978-7-5165-2800-6

Ⅰ. ①民… Ⅱ. ①严… ②贾… Ⅲ. ①民用航空－旅客运输－商业心理学 Ⅳ. ①F560.9

中国版本图书馆 CIP 数据核字(2021)第 263418 号

民航服务心理学（第 2 版）

Minhang Fuwu Xinlixue（Di-er Ban）

航空工业出版社出版发行

（北京市朝阳区京顺路 5 号曙光大厦 C 座四层　100028）

发行部电话：010-85672663　　010-85672683

北京市科星印刷有限责任公司印刷　　全国各地新华书店经售

2021 年 11 月第 1 版　　2023 年 12 月第 4 次印刷

开本：787×1092　1/16　　字数：300 千字

印张：13　　定价：45.00 元

前言 PREFACE

近年来，中国民航业飞速发展，同时也面临着激烈的行业竞争。民航业的竞争归根结底是服务的竞争，只有提供优质的服务，才能获得旅客的认可。想要提供优质的服务，就要了解旅客的心理，满足旅客的需求。这就要求民航服务人员除了掌握必要的专业知识与技能外，还要具备一定的心理学知识。与此同时，民航服务工作的特殊性也要求民航服务人员具有良好的心理素质。

本书以心理学理论为基础，以民航服务活动为依托，深入地探讨了民航服务工作中旅客的心理规律和服务人员的应对策略，详细地阐述了民航服务人员应具备的心理学知识。

具体来说，本书主要具有以下特色。

1. 素质教育，立德树人

党的二十大报告指出："育人的根本在于立德。"本书有机融入党的二十大精神，在每个项目的篇首设置了"素质目标"，将素质教育渗透至整个教学过程；在每个项目的篇末设置了"华彩流光""精业笃行"等版块，帮助学生树立远大理想，助力其成长为有理想、有本领、有担当的时代新人。本书还将以改革创新为核心的时代精神，以及职业道德与职业素养等有机地融入知识的讲解过程中，将知识、技能的学习与素质教育完美地融合在一起，实现学生全面发展的教学理念。

2. 校企合作，协同育人

本书的编写在一线双师型教师与民航从业人员的指导与支持下进行，其内容安排遵循"必需、够用、兼顾发展"的原则，充分考虑教学大纲的要求，紧密围绕民航服务的相关岗位需求，着重提升全书内容的职业属性，强调内容的实用性与针对性。

3. 知识全面，通俗易懂

本书选取了在民航服务工作中应用较为广泛的心理学理论，将旅客与服务人员的心理规律进行对比分析。同时，书中选取了民航服务中的大量热点与难点问题进行深入探讨，分析原因，并提出应对策略。在内容的叙述上，本书力求将深奥的心理学理论用通俗、易懂的语言深入浅出地表达出来，以便于学生理解。

4. 全新理念，全新形态

本书以项目为导向，以任务为驱动，采用“项目—任务”式的体例结构。每个项目中均设置了丰富多样的版块，既有助于学生理解与掌握学习要点，也有助于教师更好地推进教学工作。

- 项目前设置“项目导读”“学习任务清单”版块。其中，“项目导读”引出本项目的主旨，便于学生快速了解本项目将要学习的内容；“学习任务清单”列出本项目应掌握的重要知识点，帮助学生明确学习要点。
- 正文中设置“案例导入”“知识角”“个案厅”“问题窗”“头脑风暴”“任务实施”等版块，既可以拓宽学生的知识面，加深其对知识的理解，又可以激发学生的学习兴趣，活跃课堂气氛。
- 项目末设置“实践活动”“综合测验”版块。其中，“实践活动”设置了事件调查、情境模拟等活动，使学生能够将所学知识与实际应用相结合，达到对知识点理解透彻、应用自如的学习目的；“综合测验”旨在帮助学生查漏补缺，检验对知识的掌握程度。

5. 平台支持，资源丰富

为了方便学校管理、教师教学和学生自学，本书与一款集教学管理与教学支撑为一体的文旌综合教育平台“文旌课堂”（www.wenjingketang.com）开展了深度合作。学校可借助该平台管理校本课程，教师可借助该平台管理各种教学资源（如教学课件与微课视频等），布置作业，组织考试，学生可借助该平台阅读课外资源、提交作业、进行线上练习和参加考试等。教师与学生在学习过程中有任何疑问，都可登录该平台寻求帮助。

本书由严光玉、贾红国担任主编，陈水清、周娜萍、吕静、杨皓皓担任副主编。

本书在编写过程中，参考了大量的资料。由于部分资料来自网络，我们未能确认出处，也暂时无法联系到原作者。对此，我们深表歉意，并欢迎原作者随时与我们联系，我们将按规定支付酬劳。由于编者水平有限，书中难免存在疏漏与不妥之处，恳请广大读者批评指正。

目录

项目一　揭开面纱——走近民航服务心理学 …… 1

任务一　初识心理学 …… 2

案例导入 …… 2

知识准备 …… 2

一、心理的实质 …… 2

二、心理现象 …… 3

任务实施　心理测试：你是怎样的人 …… 4

任务二　认识心理学在民航服务中的应用 …… 5

案例导入 …… 5

知识准备 …… 6

一、民航服务 …… 6

二、民航服务心理学的研究内容 …… 8

三、民航服务心理学的研究意义 …… 9

四、民航服务心理学的研究方法 …… 9

任务实施　正确认识民航服务心理学 …… 11

任务三　明晰客我交往的基本策略 …… 11

案例导入 …… 11

知识准备 …… 12

一、客我交往的要点与分寸 …… 12

二、客我交往中的沟通方式 …… 14

三、客我交往中的沟通原则 …… 15

四、客我交往中的沟通技巧 …… 17

五、沟通中的注意事项 …… 19

任务实施　情境表演：与不同旅客的沟通……20
精业笃行　刘传健：坚守平凡，成就非凡……21
实践活动　民航企业心理学培训调查……22
综合测验……24
项目学习总结与思考……26

项目二　周到贴心——知悉旅客知觉……27

任务一　分析民航旅客的知觉……28
案例导入……28
知识准备……28
一、知觉概述……28
二、民航旅客知觉的内容……31
三、影响民航旅客知觉的因素……33
四、民航旅客的知觉偏差……35
任务实施　案例分析：旅客第一次乘坐飞机的感受……36
任务二　了解民航服务中的知觉特性……37
案例导入……37
知识准备……37
一、民航服务人员对旅客的知觉……37
二、知觉特性在民航服务中的应用……38
任务实施　街头采访：说说对民航服务的印象……40
华彩流光　“冬奥运动号”首航，共赴冰雪之约……40
实践活动　调查活动——知觉特性在民航服务中的应用……41
综合测验……43
项目学习总结与思考……44

项目三　及时满足——透视旅客需要……45

任务一　分析一般旅客的需要……46
案例导入……46
知识准备……46
一、需要与需要层次理论……46
二、用需要层次理论解析旅客的需要……49
三、旅客在出行过程中的需要……51
任务实施　街头采访：旅客对民航服务的需要……53
任务二　分析特殊旅客的需要……54
案例导入……54

知识准备……54
一、病残旅客的需要……54
二、老年旅客的需要……57
三、儿童旅客的需要……58
四、孕妇旅客的需要……58
五、初次乘机旅客的需要……59
六、重要旅客的需要……59
七、国际旅客的需要……60
任务实施 民航特色服务设计活动……60
华彩流光 《人文机场建设指南》推进多元化、高品质机场服务新供给……61
实践活动 民航旅客需要与服务情境模拟……62
综合测验……63
项目学习总结与思考……66

项目四 平稳调控——察觉旅客情绪……67

任务一 分析旅客的情绪……68
案例导入……68
知识准备……68
一、了解情绪……68
二、民航旅客情绪的表现……73
三、影响民航旅客情绪变化的因素……74
任务实施 观看电影——《中国机长》……77
任务二 掌握调节旅客情绪的方法……78
案例导入……78
知识准备……78
一、调控旅客不良情绪的方法……78
二、引导旅客产生积极情绪的策略……79
任务实施 共同探讨——民航服务中的情绪……81
华彩流光 大兴国际机场设计彰显“以服务旅客为中心”的核心思想……82
实践活动 情境模拟——有效安抚旅客的情绪……83
综合测验……85
项目学习总结与思考……87

项目五 投其所好——洞悉旅客个性……89

任务一 看清个性……90
案例导入……90

知识准备……91
一、个性的含义与特征……91
二、个性心理特征……92
三、个性倾向性……96
任务实施　心理测试：你是哪种气质类型的人……96
任务二　把握旅客的个性与对应的服务策略……99
案例导入……99
知识准备……100
一、针对不同气质旅客的服务策略……100
二、针对不同性格旅客的服务策略……102
三、旅客的能力差异与服务技巧……104
任务实施　设计幸运旅客体验活动邀请函……105
精业笃行　使命担当，无畏飞翔——党员乘务长胡玲君……105
实践活动　角色游戏：形形色色的旅客……106
综合测验……108
项目学习总结与思考……110

项目六　换位思考——安抚旅客群体……111

任务一　洞察旅客的群体心理……112
案例导入……112
知识准备……112
一、群体与群体心理……112
二、旅客群体的形成……114
三、旅客群体的特征……115
任务实施　心理游戏：你为什么这么做？……116
任务二　掌握应对旅客群体事件的方法……117
案例导入……117
知识准备……117
一、发生旅客群体事件的原因……117
二、旅客群体事件对服务工作的影响……118
三、旅客群体事件的应对方法……119
任务实施　制订旅客群体事件的应对方案……120
精业笃行　树立“精品意识”，打造精品班组……121
实践活动　旅客群体事件调查……122
综合测验……124
项目学习总结与思考……126

项目七 处变不惊——应对意外状况 …… 127

任务一 掌握航班延误与取消时的旅客心理与应对策略 …… 128
案例导入 …… 128
知识准备 …… 128
一、航班延误与取消的影响因素 …… 128
二、航班延误与取消时旅客的心理 …… 130
三、航班延误与取消时的应对策略 …… 132
任务实施 航班延误或取消时旅客服务案例分析 …… 134
任务二 学会正确对待旅客投诉 …… 135
案例导入 …… 135
知识准备 …… 136
一、旅客投诉的原因 …… 136
二、旅客投诉的心理与表达方式 …… 137
三、旅客投诉的应对措施 …… 138
任务实施 情境表演——旅客投诉的处理 …… 140
任务三 掌握应对突发状况的方法 …… 141
案例导入 …… 141
知识准备 …… 142
一、财物丢失时旅客的心理与民航服务 …… 142
二、损坏物品后旅客的心理与民航服务 …… 143
三、突发疾病时旅客的心理与民航服务 …… 145
四、旅客偷拿物品的心理与民航服务 …… 146
五、旅客之间发生冲突的心理与民航服务 …… 147
任务实施 街头采访：民航旅客遭遇突发事件的心理状态 …… 148
精业笃行 东航乘务员在春节坚守工作岗位 …… 149
实践活动 情境模拟——突发事件的处理 …… 149
综合测验 …… 151
项目学习总结与思考 …… 153

项目八 积极面对——塑造健康心理 …… 155

任务一 关注民航服务人员的心理健康 …… 156
案例导入 …… 156
知识准备 …… 156
一、心理健康与亚健康 …… 157
二、心理健康的影响因素 …… 159

三、保持心理健康的策略 …… 160
任务实施　心理测试：你的心理健康吗 …… 162
任务二　培养民航服务人员良好的个性 …… 164
案例导入 …… 164
知识准备 …… 165
一、民航服务人员的个性要求 …… 165
二、民航服务人员良好个性的培养 …… 168
任务实施　情境体验：航空公司招聘现场 …… 170
任务三　学会应对工作压力 …… 171
案例导入 …… 171
知识准备 …… 172
一、认识工作压力 …… 172
二、民航服务工作压力的来源 …… 172
三、缓解工作压力的方法 …… 173
任务实施　心理测试：你有心理压力吗 …… 174
任务四　学会缓解职业倦怠 …… 176
案例导入 …… 176
知识准备 …… 176
一、认识职业倦怠 …… 176
二、产生职业倦怠的原因 …… 177
三、预防职业倦怠的措施 …… 178
任务实施　心理测试：职业倦怠测试 …… 179
任务五　直面工作挫折 …… 180
案例导入 …… 180
知识准备 …… 181
一、认识挫折 …… 181
二、面对挫折的心理防御机制 …… 185
三、应对挫折的方法 …… 186
任务实施　心理测试：你的挫折承受力如何 …… 188
华彩流光　河北机场集团推进员工心理关爱工作 …… 190
实践活动　社会调查——民航服务人员心理健康状况调查与分析 …… 191
综合测验 …… 192
项目学习总结与思考 …… 195

项目一

揭开面纱——走近民航服务心理学

项目导读

民航服务是一项与旅客直接交流的工作，确认旅客需求是做好民航服务工作的前提。有鉴于此，民航服务人员必须了解心理学的相关知识，熟悉旅客心理活动的基本规律，进而才能洞悉旅客的需求并为其提供满意的服务。这也是提高民航服务质量，为航空公司赢得良好口碑的基础和关键。

学习任务清单

学习目标	学习内容	目标是否达成		备注
		达成	未达成	
素质目标	培养独立思考的能力	□	□	
	加强实践，注重学思结合、知行统一	□	□	
知识目标	了解心理的实质与心理现象	□	□	
	了解民航服务的定义和特征	□	□	
	掌握民航服务心理学的内容	□	□	
	理解学习民航服务心理学的意义	□	□	
	掌握客我交往的基本原则	□	□	
	掌握客我交往中的沟通方式与沟通技巧	□	□	
能力目标	掌握研究民航服务心理学常用的方法	□	□	
	能选用恰当的沟通方式与旅客进行沟通	□	□	

任务一 初识心理学

案例导入

尊严比生命更重要

在第一次世界大战中，某国陆军上校指挥步兵团进攻一个城堡，遭到了敌人的顽强抵抗，步兵团被对方的火力压制，无法前行。上校情急之下对步兵团的士兵说："谁第一个冒着弹雨把一捆柴放到敌军的城墙下并点燃它，将得到 1 000 法郎。"

然而，没有一个士兵行动。上校大为恼火，开始指责士兵怯懦。有一个军士长大声地说："长官，要是您不提出悬赏，您的士兵就全体行动了！"

上校呆住了，片刻之后，他若有所悟，重新发布命令："全体士兵，为了我们的国家，前进！"士兵们奋勇前进，最后，整个步兵团 1 194 人中只有 90 人生还。

这个小故事令人感慨。上校以为重赏之下必有勇夫，但士兵们却认为这是对他们人格尊严的侮辱，其原因在于上校没有真正理解士兵们的心理需求。

知识准备

一、心理的实质

（一）心理是人脑的机能

任何心理活动都产生于人脑，人的大脑一旦受损或不能正常工作，其心理活动将不能正常进行。例如，醉酒的人容易胡言乱语，这是因为酒精影响了大脑，使大脑失去了正常工作的能力，从而导致人的心理活动无法正常进行。

（二）心理是对客观现实的反映

所有心理活动的产生都源于外界环境的影响，如果没有客观现实的作用，人脑本身是不可能凭空产生心理活动的。例如，当我们看到百花盛开、万紫千红的景色，才会产生有关春天的知觉。所以，人的心理是对客观现实的反映。

需要注意的是，心理世界与客观现实之间并不是一种机械的一一对应的关系。人们面对的信息纷繁复杂，有的信息能够引起人的反应，有的可能不会引起人的反应。

（三）心理活动是在实践中发生的

人的心理是对客观现实积极的、主动的反映，是在实践中发生的。人对客观现实的反映受个人以往的经验和个性特征（如气质、性格）的制约。因此，不同的人对于同一事物的反映是有差别的。即使是同一个人，在不同时间、不同环境和不同的主观状态下，对同一事物的反映也会大不相同。

二、心理现象

心理学是研究人的心理现象的学科。心理现象是人心理活动的表现形式，是指个人在社会活动中通过亲身经历和体验表现出的情感与意志等活动，如感觉、知觉、记忆、思维、想象、情感、意志、能力、气质和性格等。心理现象从形式上可以分为两类，即心理过程与个性心理，如图 1-1 所示。

扫一扫

什么是心理现象

- 心理现象
  - 心理过程
    - 认知过程
    - 情感过程
    - 意志过程
  - 个性心理
    - 个性心理特征
    - 个性倾向性

图 1-1　心理现象的分类

（一）心理过程

心理过程是指大脑在一定时间内对客观现实的反映过程。它是心理现象的动态形式，包括认知过程、情感过程和意志过程。

1. 认知过程

认知过程是指人们获得知识、运用知识和信息加工的过程。认知过程是人基本的心理现象，包括感觉、知觉、记忆、思维和想象等。一个人对于世界的认识始于感觉和知觉。例如，旅客在乘机时，通过观察、聆听和触摸等感受活动，形成对民航服务的整体印象。

2. 情感过程

情感过程是指人们在对客观事物的认知过程中表现出来的鲜明态度，渗透着感情色彩。例如，旅客在乘机时，机舱内舒适的环境与完善的设施，乘务员热情的态度与周到的服务都能让旅客产生满意、愉悦和赞赏等心理反应。反之，旅客则容易表现出不满、烦躁和气愤等情绪反应。

3. 意志过程

意志过程是指人们为了认识和改造世界，主动地设立目标，并有意识地克服内心障碍与外部困难，努力实现预期目标的心理过程。

认知过程、情感过程和意志过程既有区别，又有联系。认知过程是情感过程与意志过程的基础，没有认知，情感既不能产生也不能发展。只有在认知与情感的基础上，人才能自觉地开展意志行动。而情感过程与意志过程又能巩固和深化人的认知过程。

（二）个性心理

个性心理是指个体在社会生活实践中形成的相对稳定的各种心理现象的总和，它是心理现象的静态形式，包括个性心理特征（如气质与性格等）和个性倾向性（如需要与动机等）。

问题窗

请你以某个事物或某次经历为依托，为自己绘制一幅心理现象树形图。

任务实施

心理测试：你是怎样的人

你了解自己吗？你的日常行为能不能反映出自己的心理特征呢？让我们来做个测试吧！

测试题目

第一部分

1. 墙上的画挂得不正，我看着不舒服，总想设法将它扶正。 （是□，否□）
2. 当洗衣机或电视机出现故障时，我喜欢自己动手检查与修理。 （是□，否□）
3. 我做事情总是力求精益求精。 （是□，否□）
4. 我在评价一件衣服时，主要看其设计而不关心其是否流行。 （是□，否□）
5. 我能控制自己的经济收支，很少有“月初松、月底空”的现象。 （是□，否□）

6. 我能做到书写整齐、清楚，很少写错别字。（是□，否□）

7. 我不喜欢阅读长篇小说，而喜欢阅读议论文或散文。（是□，否□）

8. 闲暇时间我喜欢做智力测验或玩智力游戏。（是□，否□）

第二部分

9. 我讨厌做零散与琐碎的事情。（是□，否□）

10. 我喜欢与年龄较小而不是年龄较大的人在一起。（是□，否□）

11. 我心目中的另一半应具有独特的见解和活跃的思想。（是□，否□）

12. 对于别人求助我的事情，我总是尽力帮助解决。（是□，否□）

13. 我做工作考虑的是速度和数量，而不是在精雕细琢上下功夫。（是□，否□）

14. 我喜欢“新鲜”这个概念，如新环境、新同学和新知识等。（是□，否□）

15. 我不喜欢独来独往，总喜欢与朋友在一起。（是□，否□）

16. 我喜欢改变某些生活习惯，以便自己获得充裕的时间。（是□，否□）

测评方法

回答“是”得 1 分，回答“否”得 0 分；然后分别算出第一部分和第二部分的总分，即总分 A 和总分 B。

测评分析

若总分 A 大于总分 B，则可判定自己是一位肯钻研、谨慎、理性的人。

若总分 A 小于总分 B，则可判定自己是一位善于与人交往，思想较活跃的人。

任务二　认识心理学在民航服务中的应用

案例导入

洞悉旅客需要，主动提供服务

某日零时 30 分，正在值夜班的引导员徐瑾注意到一位中年女士独自坐在出发大厅，她的身旁还有两只较大的行李箱。徐瑾再看看身旁的航班信息显示大屏，确认当日全部出港航班已结束办理登机手续，就担心这位旅客遇到了麻烦。徐瑾经上前询问后得知，这位女士是第一次坐飞机，要搭乘的航班还有 17 个小时才起飞，但她担心错过航班，便早早地赶到机场，准备在大厅等待。徐瑾心想，现在虽不是寒冬腊月，可这位女士在出发大厅里坐一晚上也不合适，她想到综合交通中心内有专门为过夜旅客设置的免费休息区，于是便推来行李推车，主动帮这位女士把行李箱放好，还贴心地在纸上标注出过夜休息区的具体位置，写上办理登机手续的最晚时间等。这些于徐瑾来说虽然是举手之劳的小事，却令这位女士感动地说不出一句完整的话，能听得清楚的只有“谢谢你，你真好！”徐瑾说：“我们引导员的工作虽然是辛苦的，但也是幸运的、幸福的，每天都被旅客的一声简单道谢、一个微笑回眸、一次友好挥别所感动着，这也令自己的内心越来越充实，越来越感受到自己肩负的重要责任和使命。”

知识准备

一、民航服务

民航是民用航空的简称，是指使用各类航空器从事除了军事（包括国防、警察和海关）活动以外的所有的航空活动。

民航服务是指由民航相关单位提供的，以满足民航旅客需求为目的的工作。具体来说，民航服务具有以下特征。

1. 无形性

民航服务通常需要工作人员借助一些设施设备才能实现，虽然这些设施设备及提供服务的人员是有形的，但民航服务本身是无形的，旅客看不到、摸不着，只能感受到和享受到。

2. 一次性

民航服务不能储存，只有一次使用价值，是“当时的”，且不能转让给第三者享用。旅客在民航服务中所感受到的不愉快与不满意也不能像有形产品那样更换或修理。所以，劣质服务所产生的不良后果在短时间内很难弥补，甚至完全没有更正的机会。

3. 即时性

民航服务受到旅客即时需求的制约，服务人员必须严格按照时间要求提供服务，提前或延时的服务均是无效的。

4. 多变性

不同旅客有着不同的服务需求，如不同旅行目的、不同职业和不同年龄的旅客对服务均有着不同的要求。即使是同一名旅客，他的需求也是不断变化的。因此，民航服务人员要根据旅客的不同情况，准确把握旅客的需求，进而提供多样化的服务。

5. 综合性

民航服务是民航系统各部门与各环节及服务流程与服务质量的综合体现。在旅客订票、候机、登机、航行、下飞机和离开机场的整个过程中，民航人员需要提供行李托运、向导、安检、广播、餐饮、休息、娱乐和卫生等多项服务内容。

头脑风暴

乘务员的工作

在民航客机上从事旅客服务的大多为女性，她们也被旅客亲切地称为“空姐”。旅客眼中空姐的工作是什么样的？

旅客能够看到空姐们拖着行李箱上飞机，以优雅的站姿迎接旅客，微笑着为旅客分发餐食等。那么，在旅客看不到的时间里，她们都在做些什么呢？

她们会在飞机起飞前 90 分钟穿戴整齐，整理好妆容到公司参加协作会。然后，她们登上飞机，检查飞机上的应急设备和服务设施，这项工作看似简单，却非常重要，无论任何一个设备发生故障，飞机都不能按时起飞。

接着，她们会清点飞机上的餐食和供应品，包括旅客上飞机后用到的拖鞋、报纸、湿毛巾和毛毯等，都要在此期间准备好。

飞机滑行时，她们要进行安全检查，查看旅客的安全带是否系好，座椅是否调直，小桌板是否收起，行李是否摆放整齐等，待检查结束后才能回到座位上坐好。

飞机起飞后，通常由两名乘务员将装满饮料的推车从后舱推到前舱开始分发饮料与餐食，然后加饮料、收餐食……

问题：以上描述中体现了民航服务的哪些特征，请举例说明。

知识角

政策引领，提升服务——民航服务质量标准明确

2021 年 9 月 1 日，《公共航空运输旅客服务管理规定》(以下简称《管理规定》)正式开始施行。随之同步实施的还有《公共航空运输旅客服务质量管理体系建设指南》(以下简称《建设指南》)，它首次对航空公司和机场的服务质量管理进行了系统性的规范和指导，成为落实《管理规定》的“左膀右臂”。

中国民用航空局运输司的相关负责人说，《管理规定》通过明确各方权责关系，进一步提升了民航服务工作的法制化水平。而《建设指南》通过推动服务供给侧改革，使有益的管理措施与管理经验体系化、制度化，将有力地推进民航服务质量管理的规范化水平，同时也将成为行政机关履行服务质量监管职责的有效抓手。

在此之前，民航业在提升服务质量方面连续多年积极开展各类有益的探索。自 2016 年开始，民航业连续六年开展服务质量提升专项行动，每年一个主题，一年一个台阶。2017 年，我国出台《航班正常管理规定》，将航班正常和航班延误后服务工作纳入法制化轨道；2018 年，我国出台首部全面指导民航服务质量的纲领性文件——《关于进一步提升民航服务质量的指导意见》；2019 年，中国民用航空局（以下简称“民航局”）开通 12326 民航服务质量监督电话，让旅客在投诉时找得到门、找得到人、找得到答案；2020 年，无纸化便捷出行与行李全流程跟踪等多项便民举措取得显著成效；2021 年，《管理规定》颁布实施，投诉、举报和信息备案等配套文件相继出台，搭建起了更为完整的旅客服务质量管理框架……这些政策与措施都有效地提高了民航服务水平，提升了服务管理能力。

二、民航服务心理学的研究内容

民航服务心理学是针对民航服务本身的行业特点和规律，将民航服务与心理学有机地结合起来的学科，旨在使民航服务人员能够在充分了解旅客心理现象的基础上，不断提高自身的服务质量和水平。民航服务心理学的研究内容包括民航服务过程中旅客和服务人员的心理现象。

（一）民航旅客心理

旅客作为消费者总是按照自己的兴趣、意图和偏好来选择产品或服务，其心理特点、心理需求影响着民航企业的决策和服务导向。对于民航企业与民航服务人员而言，只有了解旅客的心理，才能正确理解并预测旅客的行为，进而更好地为其提供服务。针对民航旅客心理，民航服务心理学主要研究旅客的知觉、需要、情绪、个性差异和态度等，心理因素对旅客消费行为的影响，以及选择和接受服务之后其心理的变化。

（二）民航服务人员心理

民航服务人员的心理对于飞行安全、旅客安全和服务质量均有着重要的影响。针对民航服务人员心理，民航服务心理学主要研究民航服务人员与旅客沟通、为不同旅客服务、处理各种难题及突发事件的方法与技巧；服务人员在服务工作中应具备的良好心理品质，以及缓解工作压力、防止职业倦怠的途径与方法等。

三、民航服务心理学的研究意义

（一）民航企业生存和发展的需要

在当今供过于求的市场情况下，民航企业之间竞争的核心不在于发现竞争对手的劣势，而在于如何更加高效地获得与留住旅客。深入研究民航服务心理学，掌握旅客的心理活动规律，了解旅客需求，进而提供更加优质的服务，是民航企业吸引新旅客与拥有回头客的关键所在。因此，研究民航服务心理学是民航企业生存与发展的需要。

（二）民航服务工作的内在要求

人的需求是产生行为的内在动因，民航旅客的行为背后也暗含着其心理需求。民航服务人员只有掌握旅客的心理活动规律，明确旅客的行为与需求之间的对应关系，才能针对不同旅客的不同心理需求，有的放矢地开展服务。因此，研究民航服务心理学是民航服务工作的内在要求。

（三）有助于从根本上提高服务质量

在民航服务工作中，服务人员如果只是单纯地提供热情、主动的服务，而没有针对旅客的心理需求为其服务，结果往往事与愿违。例如，有的患病旅客不愿被人打扰，希望可以安静休息，若此时乘务员总去嘘寒问暖，旅客便会产生烦躁情绪。如果乘务员能够了解旅客的心理，根据其心理需求提供相应的服务，便可以从根本上提高服务质量。

（四）有助于民航服务人员了解自我与完善自我

在民航服务工作中，服务人员大多是直接与旅客面对面进行沟通的，如售票、值机、安检、检票和乘务等部门的服务人员，这些人员的业务素质与心理品质的好坏是影响旅客服务体验的重要因素。民航服务心理学为民航服务人员把握自身的心理现象，提高自身的心理品质提供了理论依据。

四、民航服务心理学的研究方法

（一）观察法

观察法是指研究者在自然条件下，有目的、有计划地直接观察民航旅客及服务人员的外在表现，了解他们心理活动的产生和发展规律的方法。

观察法的优点是能确保被研究的民航旅客或服务人员的心理及行为的自然性和客观性，即所得到的信息客观可靠；缺点是由于研究者处于被动地位，只能等待民航旅客及服务人员产生相应的外在表现时进行观察，且对观察到的现象不易进行定量分析。

问题窗

如果使用观察法研究民航旅客的心理，你认为应该观察旅客哪些方面的表现？

（二）调查法

调查法是指研究者通过调查、访问、谈话和问卷等方式收集有关资料，以间接的形式了解民航旅客或服务人员心理现象的一种方法。调查法主要包括谈话法与问卷法等。

1. 谈话法

谈话法是指研究者通过与民航旅客或服务人员进行面对面的交谈来收集口头资料的一种方法。这种方法直接、灵活、高效，但研究者的知识、能力和性格等会直接影响调查的结果。

2. 问卷法

问卷法是指研究者通过让民航旅客及服务人员回答一定的问题来研究其心理现象的一种方法。例如，研究者可以通过调查旅客购买机票的方式来分析旅客在购票时更看重便捷性还是服务性等。

问卷法在具体应用时可采用开放型问卷和封闭型问卷两种形式。

（1）开放型问卷：研究者列出若干问题让被研究者根据自己的情况自由作答。例如，“您希望航班中增加哪类餐食？”“您希望乘务人员改进哪些方面的工作？”等。开放型问卷调查能得到生动与丰富的原始资料，有时还能得到研究者没有考虑到的信息，但所得资料不易进行编码和统计分析。

（2）封闭型问卷：研究者提出问题的同时需要提供若干个备选答案，要求被研究者从中选择符合自己意愿的答案。例如，“您选择搭乘飞机出行，主要考虑的因素有哪几项？（票价、速度、安全、服务、舒适、饮食、换乘方便、出行时间）”

问卷法的优点是方便开展大规模的群体调查，快速收集大量资料，而且可以对所得资料进行定量分析；缺点是调查易受被研究者文化水平的限制，同时，被研究者回答问卷的认真程度也会影响调查结果的准确性，进而会降低研究结果的可信度。

个案厅

了解心理学，提供更优的服务

中国国际航空公司（以下简称“国航”）浙江分公司地面服务部开展了一次为期两天的服务心理学培训。在此次培训中，地面服务部特别邀请了民航管理干部学院的卢小英副教授来授课。国航浙江分公司客舱部、市场部和企划部员工均参加了此次培训。

此次培训主要从心理学的基本原理着手，结合民航服务工作，分析民航与旅客之间的关系、旅客心理，以及员工对自身、与他人心理的认识与问题处理等内容。同时，培训还结合当今民航现状，以案例举证，探讨服务部门应如何与服务实际相结合，为旅客提供优质的服务；面对航班延误、旅客闹事等情况，应如何分析旅客心理，从而做好后期服务工作；服务过程中员工如何提高与旅客交流的技巧；员工面对庞大的旅客群，如何做好自身心理防卫，保持心理健康；不同气质与不同性格的服务人员如何做好工作；与不同性格的人相处时，如何调整好自己的心态等。同时，卢小英副教授为每一位参与培训的员工做了一次心理测试，从而让其了解自己的气质类型，以克服自己在服务工作中的心理弱点。

整体来说，此次培训加强了员工对心理知识的了解，也使员工更加深入地理解了民航服务工作，并逐步学会分析旅客心理，从而为做好服务工作打下坚实的基础。

任务实施

正确认识民航服务心理学

请根据本任务所学知识写一份学习心得体会，谈谈自己对民航服务心理学的理解和认识，字数不限。

任务要求

请阐明自己对心理学应用于民航服务的重要性的认识，并分析心理学对民航专业学生的重要性。

任务三　明晰客我交往的基本策略

案例导入

一场没有结果的“辩论”

正值云南大风季节，一架由上海飞往昆明的航班已经在断断续续地颠簸中飞行了一个小时。一名旅客按了呼唤铃，乘务员及时赶到，对话由此展开。

“飞机怎么这么颠？”

“先生，是这样的，现在是云南的大风季节，大气层中有乱流，所以飞机会很颠。”

“大风季节？我经常坐这条航线，从来没有遇到过这种情况。我看是你们机长技术差吧。”

“先生，我都跟您说了，飞机颠簸是乱流造成的，跟机长的飞行技术没有关系。”

“你这是什么态度？把你们领导叫来，我要跟你们的领导沟通。”

“我只是在和您解释这个问题……再说，领导也会这样说的。”

旅客没有再说下去，直接向乘务长投诉了这位乘务员。于是，一场以“飞机为什么颠簸”引起的“辩论”落下了帷幕。

知识准备

从本质上说，民航服务工作是通过人际交往实现的。客我交往是民航服务的先决条件与存在方式。所谓客我交往，是指服务人员同旅客之间为了沟通思想、交流感情、表达意愿和解决问题而相互施加各种影响的过程。没有客我交往也就不可能有民航服务。因此，作为未来的民航服务人员，只有理解客我交往的要点与分寸，掌握在客我交往过程中的沟通原则与沟通技巧，才能为实现优质服务做好准备。

一、客我交往的要点与分寸

（一）客我交往的要点

要实现客我交往的双赢，民航服务人员要谨记“旅客就是上帝”，时时处处以旅客的满意为标准。具体而言，服务人员在与旅客交往时要注意以下几点。

1. 正确的自我认知

民航服务人员只有建立正确的自我认知，明确自己的角色与身份，才能在服务工作中认识到自己与旅客的主客关系，扮演好自己所承担的服务者角色，进而用行动去赢得旅客的尊重，从而实现客我交往的和谐与愉快。

扫一扫

学会有效沟通

2. 树立良好的形象

良好的自我形象是客我交往的基础。民航服务人员要注重自己的仪容仪表、言行举止和精神面貌等，从而给旅客留下良好的第一印象。在与旅客进行交流时，服务人员的表情与行为等应当符合自身的角色与当下的情境，能够表现出让旅客愿意接受与接近的外部形象。

3. 重视倾听

在与旅客交流的过程中，若民航服务人员注意倾听旅客讲话，可以显示出对旅客的尊重，同时也有助于自己了解旅客，从而更好地为旅客服务。目光注视旅客，耐心地听取旅客的意见或建议，不随意打断旅客讲话，态度谦虚，是形成良好的客我交往气氛的基础。

4. 积极主动

民航服务人员与旅客的交往过程是短暂的，所以服务人员要在有限的时间内积极、主动地提供服务，增加与旅客交往的频率，并提高交往的深度。服务人员既要帮助旅客解决各个方面的实际问题，也要让旅客在心理上感到舒适，觉得受到了尊重。

（二）客我交往的分寸

关注旅客在客我交往时的心理，注意服务的分寸，能够避免不必要的误会或纠纷。其具体包括以下几个方面的内容。

1. 不卑不亢，心态平和

现代社会的生活是丰富多彩的，在不同的时间与空间里，人们所扮演的角色在不断转换，服务与被服务的角色也会因时间与空间的不同而变化。因此，服务人员必须具备正确与平和的心态，既不要在为旅客服务时感觉低人一等，也不要在被服务时傲慢无礼。

2. 不与旅客过分亲密

民航服务人员要注意公私有别。在服务工作中，出于礼貌与创造和谐氛围的需要，服务人员可以与旅客进行一些简单的交谈，但是要注意不能影响工作，且不能离题太远。否则，不仅会造成旅客的误解，也会让其他旅客感觉受到了冷落。

3. 不过分啰嗦，不过分殷勤

服务人员对旅客提出的要求或托办的事项，回答“好的”“明白”即可，不必喋喋不休地重复，以免旅客感到厌烦。与此同时，服务人员也要为旅客提供“看不见的服务”，即在旅客休息或专注于某件事时，不要过分殷勤而打扰旅客。

4. 一视同仁，重点关注

民航服务人员对待旅客要一视同仁，不因旅客的衣着、身份、地位或年龄等的不同而区别对待。哪怕是遇到熟人或亲友乘坐飞机，也要注意分寸，不可给予过分的照顾，以免引起不必要的误会或纠纷。但对于“老弱病残孕”等旅客，服务人员应重点关注，在其需要时给予适当的特殊照顾，这不仅能够体现服务人员的业务素养，也让这些特殊旅客感到欣慰。

5. 表情适度，举止得体

适当的表情可以表达对旅客的热情友好之意。在服务过程中，服务人员要运用好自己的眼神，不要盯着旅客、打量旅客、斜视旅客、窥探旅客或扫视旅客。同时，在服务过程中，服务人员还要注意把握好自己的笑容，要笑得得体，不要躲在一边扎堆说笑、偷笑或狂笑等。

头脑风暴

乘务员周到服务，赢得旅客赞誉

中国南方航空公司（以下简称“南航”）的一架航班由深圳飞抵北京后，一位 70 多岁的老太太迟迟不走下飞机，一再表示非见领导不可。乘务长赵力送走了其他旅客之后，急忙赶去查看情况。只见老人指着胸牌上姓名为“魏月”的乘务员对乘务长说：“这个丫头就像我孙女一样，我太喜欢了。你看看我一路上麻烦她多次，又是倒水又是打包饭盒，她好有耐心哦。我一定要找到领导好好表扬表扬她。”然后，老人向乘务长讲述了她与乘务员魏月的故事。

在三个小时的飞行过程中，魏月为老人冲调了一杯蜂蜜水、两杯橙汁和一杯椰奶。发放餐盒时，她提前将餐具打开，撕开纸巾并直接递到老人手上。客舱服务不太忙的时候，她还经常走到老人身边，为其加盖毛毯，陪老人聊天。下飞机前，老人告诉魏月说，自己的子女都不在北京，回家了可能吃不上饭，魏月就拿出多余的餐盒，用防水纸袋包裹严实之后塞进了老人的行李包中……在服务老人的过程中，魏月把乘务员优秀的服务品质与敬业精神表现得淋漓尽致。

听完老奶奶动情的讲述，魏月与乘务长一起搀扶着老人一步步走下飞机客梯。在老人踏上摆渡车的一刹那，魏月哭了。自己的辛苦与努力得到了实践的检验，得到了旅客的认可，她觉得自己终于可以胜任这份工作了。

问题：乘务员的服务体现了哪些客我交往的要点与分寸？

二、客我交往中的沟通方式

客我交往过程中，服务人员与旅客的沟通方式主要有语言沟通与非语言沟通。

（一）语言沟通

语言沟通是旅客与服务人员的主要沟通方式，包括口头语言与书面语言等。其中，口头语言包括面对面的谈话与开会等；书面语言包括信函、电子邮件和传真等。

（二）非语言沟通

非语言沟通是指使用语言符号之外的符号系统（如面部表情、身体动作等）进行沟通的方式。

1. 面部表情

面部表情在很大程度上显示了一个人的态度，其不仅可以展示一个人的良好个性，还可以掩饰一些缺点。善于利用自己丰富的表情，可以在人际沟通的过程中给他人留下良好的印象。

其中，微笑是最有益于人际沟通的面部表情。微笑可以表明对人的尊重、友善、欣赏和赞同，是民航服务人员在沟通中的“重要武器”。例如，自然的微笑可以打破僵局；轻松的微笑可以淡化与旅客之间的矛盾；坦然的微笑可以消除旅客的误解；真诚的微笑则是沟通中的制胜法宝。

2. 身体动作

在人际沟通中，人的习惯性动作很容易引起他人的注意，不同的身体动作有着不同的含义。心理学家研究发现，人们的身体动作能够表达一些特定的意义。例如，双手交叉表示拒绝；双手一摊表示无可奈何；双臂外展表示阻拦；耸肩表示不以为然或无可奈何；摆手表示制止或否定，等等。

民航服务人员在与旅客沟通时，可以借助身体动作增强沟通的形象性，以使旅客更易理解沟通的内容，从而达到高效沟通。

三、客我交往中的沟通原则

为了有效地进行沟通，民航服务人员在沟通的过程中必须遵循包括清晰、简明、准确、完整、有建设性和礼貌在内的六个基本原则，具体如下。

（一）清晰

清晰是指民航服务人员在表述信息时应条理清楚与重点突出，易于旅客理解。例如，一位旅客打电话询问疫情期间乘机前往北京需要哪些证明时，民航服务人员回答道：“女士，您好，根据北京当地的疫情防控要求，近期从深圳机场前往北京的旅客，除提供‘健康码’绿码外，必须提供 48 小时内核酸检测阴性证明。如果您有出行需要，请您提前准备好核酸检测阴性证明文件，并保证‘健康码’是绿码。”服务人员用短短的几句话，清晰地回答了旅客的问题。

（二）简明

简明是指民航服务人员在表达信息时要尽可能做到简单明了与通俗易懂，以使旅客准确与快速地接收到信息。例如，当旅客询问卫生间的位置时，民航服务人员可以回答旅客：“先生，卫生间就在前方。您往前走大约 50 米，左手边就是。”

（三）准确

准确是指民航服务人员头脑中的信息要准确，信息表述也要准确，不能引起歧义。准确是衡量信息质量的重要指标，直接决定了沟通的结果。在民航服务过程中，民航服务人员在保证信息准确的同时，还应该注意避免使用行业术语或内部习惯用语与旅客进行沟通，否则容易让旅客感到困惑，甚至引起误会或冲突。

例如，由于飞机未能按时起飞，旅客向乘务员询问何时才能起飞，乘务员直接回答“推了”，旅客对此回答并不理解，于是重新问了一遍。“推了”是乘务员的内部惯用语，指的是“飞机开始滑行”，即飞机正在滑行，准备起飞。因此，即使服务人员在表达时，其头脑中的信息是准确的，但如果表述不恰当，旅客也有可能无法准确理解。

（四）完整

完整是指民航服务人员要注意信息表述的完整性，避免旅客断章取义，造成误解。

例如，乘务员小李在分发餐食时询问旅客：“先生，您是要饭还是要面？”旅客听后面带愠色大声回答：“要饭！”乘务员原本是想询问旅客“想吃米饭还是面条”，但她把“米”“条”省去了，所表述的信息就不完整，使旅客觉得乘务员在暗示自己“要饭”。虽然“要米饭”“要饭”只有一字之差，但是所表达的意思完全不同，因此造成了误会。

（五）有建设性

有建设性是指民航服务人员在沟通中要提出能够促进事物发展的意见，切实帮助旅客解决遇到的问题，进而提升旅客的满意度。

例如，一名旅客因携带一把精致的瑞士军刀被安检人员拦下。安检人员告知旅客，瑞士军刀属于管制刀具，既不能随身携带，也不能托运。旅客表示这是朋友送给自己的礼物，并不想丢弃它。经询问，安检人员得知该旅客只是去外地出差，几天后便会回来，于是建议旅客将军刀存放在行李存放处，待出差回来后取回。安检人员提供的暂时寄存的方法既避免了让旅客扔掉心爱之物，也消除了危险物品被带上飞机的安全隐患。

（六）礼貌

礼貌与礼仪是民航服务沟通的重中之重，也是对民航服务人员的基本要求。民航服务人员良好的仪态、得体的语言、优雅的举止和热情的态度能够在沟通过程中给旅客留下良好的印象，从而促进沟通目标的达成。

知识角

如何进行有效沟通

沟通无处不在，但达成有效沟通并不容易。有效沟通是指通过听、说、读和写等载体，演讲、对话、讨论和信件等方式，将信息或思想准确、恰当地表达出来，以确保对方准确理解。只有当信息的发出者与接收者对所沟通信息的理解一致且准确无误时，才能称作一次有效的沟通。

达成有效沟通必须具备两个条件：第一，信息发出者应当清晰地表达信息的内涵，以方便信息接收者确切理解；第二，信息发出者应当重视信息接收者的反应，并根据其反应及时反馈，免除不必要的误解。

四、客我交往中的沟通技巧

（一）全面地了解旅客的思想

民航服务人员在与旅客沟通时，若能对旅客的思想有一定的了解，可使沟通的效果事半功倍。一般来说，服务人员应先从以下几个方面了解旅客的思想后，再与其沟通。

1．旅客的个性特点与当时的心境

民航服务人员如果了解旅客的个性，就可以确定与其沟通的最佳方式；同时，服务人员还应了解旅客当时的心境，进而抓住最恰当的沟通时机，从而达到最佳沟通效果。例如，在与性格强势的旅客沟通时，服务人员应顾及其面子，委婉地表达自己的意见；若乘务员发现旅客心情不佳，可用幽默的方式营造出轻松的沟通氛围，然后再与旅客沟通。

2．旅客已有的观点、意见和态度

民航服务人员在与旅客沟通时，应事先了解旅客已有的观点、意见和态度，进而选择恰当的沟通方式与旅客沟通，为其解决问题。例如，某位旅客觉得自己的座位不舒适想要调换，若乘务员没有询问旅客原因就直接拒绝旅客的要求，就会使旅客认为乘务员的服务不到位，进而导致旅客投诉。服务人员只有从根本上接受了旅客的意见，解决了旅客的问题，才能使服务有意义。

3．旅客的思维方式

对于同一件事情，不同的旅客有着不同的思维方式。民航服务人员要洞悉旅客的真实想法，选择恰当的方式与其沟通，从而使旅客对服务满意。例如，有的旅客惯于以自我为中心，置他人的需要于度外，服务人员在与其沟通时，要着重表达出对其有利的信息。

个案厅

换座位

航班上某一排的三个座位分别坐着一对带孩子的夫妻与一名男性旅客。此时，孩子正在母亲的怀抱里熟睡。乘务员见状不由地想：这次航班没有载满，如果这对夫妻旁边的男性旅客同意调换到其他座位就座，孩子就可以平躺下来。这样，不仅孩子能休息好，孩子的妈妈也不用那么劳累。

于是，热心的乘务员走上前对旁边的旅客客气地说："先生，您看，这位母亲抱着孩子比较辛苦。航班上还有空余的座位，我帮您调换一下，可以吗？"没想到，该旅客果断地拒绝了乘务员的提议。乘务员愕然，心想：这位旅客真冷漠，真不好沟通。

随后，乘务员将这件事告诉了乘务长。乘务长说："你应该站在这名男性旅客的角度去劝说其调换座位。"乘务长带领这名乘务员再次来到这排旅客的旁边，对男性旅客说："先生您看，旁边这位母亲抱着孩子，你们这样坐比较挤。航班还有空余的座位，我帮您调换一下，这样您就可以更好地休息了，而这对夫妻也可以在您的帮助下更好地休息。您愿意吗？"

男性旅客听到后不仅欣然同意，还称赞乘务长想得周到，而那对夫妻也连忙向乘务长致谢。

（二）熟练掌握语言技巧

民航服务人员在与旅客沟通时，若能恰当、灵活地运用语音、语气和语调等语言技巧，则能够使旅客真切地感受到服务人员的真诚与亲切，从而使得沟通更加顺畅。

1. 说话的重音与停顿

在与旅客沟通时，民航服务人员应采用重音表达要强调的内容，以凸显自己的服务意识，从而达到沟通的目的。

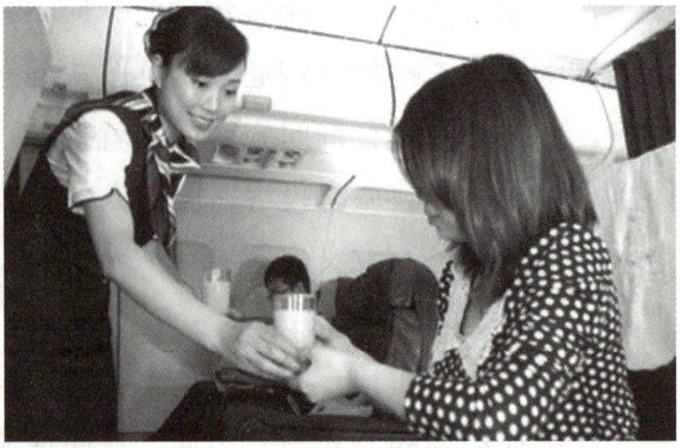

此外，巧妙地利用停顿也可以提高沟通的效率，这样的表达方式既能使语言表述结构明确、层次清楚，也能为听者提供思考的时间，非常有利于听者对信息的消化与沟通过程的顺利进行。

2. 说话的语气与语调

民航服务人员运用恰当的语气与语调和旅客沟通，往往能起到很好的效果。例如，在为旅客提供服务时，服务人员的语气应温煦，语调应柔和，那么即使服务有不足之处，旅客也不会计较；如果服务人员说话急促，表现出紧张与激动的样子，旅客可能会认为发生了意外情况，进而会胡思乱想，乃至惊慌失措。

（三）正确运用非语言沟通方式

非语言沟通方式要与语言沟通方式协调配合，以更加形象的方式展现沟通的内容，或为沟通创造良好的气氛。例如，服务人员在走向旅客时，其走路的姿态与节奏，要使旅客感受到服务人员良好的职业素养；询问旅客的需要时，要面带微笑、目光真挚，且要面向旅客。

头脑风暴

用家乡话与旅客沟通，化解旅客心中的怨气

某次，由深圳飞往郑州的航班延误至深夜两点多。在服务人员通知旅客可以登机时，一部分旅客开始向民航企业索要赔偿，并拒绝登机。随着时间的流逝，旅客的情绪越来越激动。这时，服务人员彭鑫灵机一动，想到“老乡见老乡，两眼泪汪汪”。彭鑫是郑州人，他试着用方言与旅客沟通，与旅客拉家常。这一招还真起到了效果，旅客的情绪逐渐恢复了平静。交流过后，旅客对彭鑫的工作给予了高度评价，并对航班延误这一情况表示理解，随后陆续登上了飞机。

问题：结合上述案例，谈一谈在客我交往中应如何运用沟通技巧。

五、沟通中的注意事项

每个人的文化背景、教育背景，以及考虑问题的方式与角度等都存在一定的差异，这很可能会形成各种沟通障碍。为了保证沟通顺畅进行，民航服务人员在与旅客沟通时应注意以下几个方面。

（一）尊重旅客的文化背景

不同的文化背景（如民族、生活方式和风格习惯等）的差异，常常会使沟通受到阻碍。为使沟通顺利进行，民航服务人员在与旅客沟通时，要了解与尊重旅客的文化背景。

例如，小杨在为旅客提供安检服务时，一名日本旅客询问是否能携带 100 毫升的化

妆水。由于周围噪声较大，小杨在回答“可以”的同时比了“OK”的手势。该旅客以为带化妆水需要额外交钱，于是与小杨发生了冲突。原来，“OK”手势在日本是“钱”的意思，小杨比“OK”的手势原本是为了方便旅客理解自己的意思，但没想到由于文化差异，反而产生了误会。

（二）避免照搬经验

经验有一定的价值，它可以帮助民航服务人员在一定程度上解决沟通过程中遇到的类似难题；然而，经验又有局限性，因为每一次沟通的对象与沟通的情境不可能完全相同。因此，在沟通过程中，服务人员应避免直接照搬经验，而应该是在既有经验的基础上，结合当前情境的特殊性，根据具体情况灵活应对。

例如，同样是 5 岁左右的小朋友，有的就可以用玩具吸引其注意，使其停止哭闹；而有的则需要通过讲故事的方式让其安静下来。

（三）避免情绪影响沟通

情绪会影响人的思维与行为，从而直接影响沟通的效果。因此，在与旅客沟通时，民航服务人员要控制自己的负面情绪，积极面对沟通过程中出现的问题。例如，因父亲生病，地面服务人员小刘最近情绪一直比较低落。但他深知，绝不能让这种情绪笼罩自己，以免影响服务质量，进而引起旅客的不满。于是，在上班时，他一直暗示自己要鼓足精神，耐心地与旅客沟通，热情地为旅客服务，最终收获了旅客的表扬。

任务实施

情境表演：与不同旅客的沟通

活动目的

掌握与不同旅客沟通的技巧。

活动准备

1. 全班学生分成若干小组（3～5 人一组），各小组选出一名组长。

2. 组长组织组员讨论选定一个情境地点（如售票处、候机厅或客舱等），然后请组员设想自己是一名旅客，并想好要与民航服务人员沟通的问题。

活动过程

1. 情境表演

教师挑选两个小组上台表演。第一个小组的成员扮演旅客，第二个小组的成员扮演服务人员。“旅客”向“服务人员”提出疑问或需要，“服务人员”做即时应对。

在两组表演结束后，互换角色，即由第二个小组的成员扮演旅客，第一个小组的成员扮演服务人员，再次进行表演。

2. 讨论与反思

情境表演完毕，请同学们就以下问题展开讨论。

（1）“旅客”向“服务人员”提出的问题是否合理？“服务人员”给出的回答是否令“旅客”满意？

（2）“服务人员”是否妥善地处理了“旅客”的问题或服务需要？若有不妥，你认为如何处理最合适？

（3）哪些“服务人员”对问题的处理最为妥当？你从中得到哪些启示？

精业笃行

刘传健：坚守平凡，成就非凡

风挡玻璃脱落、仪器毁坏、温度骤降至零下 40 多摄氏度，飞机驾驶舱瞬间失压、极度缺氧，119 名乘客和 9 名机组人员命悬一线……这是川航 3U8633 航班机长刘传健飞行生涯中极其漫长的 34 分钟。

2018 年 5 月 14 日，川航 3U8633 航班从重庆飞往拉萨。万米高空，驾驶舱右侧前风挡玻璃突然爆裂脱落。生死关头，机长刘传健沉着果断处置险情，靠毅力掌握操纵杆，最终成功备降，确保了机上 119 名旅客和 9 名机组人员的生命安全。此次成功降落被称为民航史上的“史诗级壮举”，创造了国际民航客运史上在极其艰难的紧急突发情况下成功处置飞行特情的奇迹。因在事故处置中的出色表现，刘传健荣获“中国民航英雄机长”“最美退役军人”等荣誉称号，并获全国五一劳动奖章。

所谓：“君子藏器于身，待时而动。”1991 年，19 岁的刘传健光荣入伍。2006 年，他从空军第二飞行学院退役，加入四川航空股份有限公司。从成为飞行员的那一天起，刘传健就始终牢记确保飞行安全这一最高职责，把安全飞行规章标准落实到每一次飞行的全过程。作为部队出身的资深飞行教员，刘传健的言行举止中散发着军人严谨、刚毅和沉稳的气质。在同事眼中，他的飞行技术好，保持着良好的安全纪录，从未发生过一起人为原因导致的事故。

“把每一项平凡工作做好就是不平凡”，习近平总书记接见刘传健时对其嘱托。习总书记的这句话，坚定了刘传健继续做一名平凡飞行员的决心，即把简单的劳动做出精彩，把单调的工作做到极致，确保每一架航班的安全，保障每一位旅客的顺畅出行。

（资料来源：人民网，
http://cpc.people.com.cn/n1/2019/1028/c428852-31424536.html，有改动）

实践活动

民航企业心理学培训调查

活动概述

为了深入了解民航服务心理学的研究内容与意义，切实掌握心理学知识对民航服务工作的重要性，请全班学生以小组为单位，搜集有关民航企业心理学培训的新闻或案例，并选派两名代表在班级内进行知识分享。

活动准备

1. 全班学生分成若干小组（3～5 人一组），各小组选出一名组长。

2. 组长组织各小组成员讨论确认研究对象（注意：各小组选择的民航企业不要重复），并将具体分工填写在表 1-1 中。

表 1-1　小组成员及分工情况

<table>
<tr><td>班级</td><td></td><td>组号</td><td colspan="2"></td><td>指导教师</td><td></td></tr>
<tr><td>小组成员</td><td>姓名</td><td>学号</td><td colspan="4">任务分工</td></tr>
<tr><td>组长</td><td></td><td></td><td colspan="4"></td></tr>
<tr><td rowspan="4">组员</td><td></td><td></td><td colspan="4"></td></tr>
<tr><td></td><td></td><td colspan="4"></td></tr>
<tr><td></td><td></td><td colspan="4"></td></tr>
<tr><td></td><td></td><td colspan="4"></td></tr>
</table>

活动过程

各小组根据表 1-2 所示的活动内容及活动要点实施活动。

表 1-2　活动实施要点

活动流程	活动内容及活动要点
知识准备	各小组按照任务分工，采用恰当的方法搜集资料
知识分享	（1）每个小组推选两名代表发言，发言要点应包含以下三项内容： ① 民航企业有关服务方面的培训主要包含了哪些内容？ ② 这些培训内容对民航服务人员有什么实际意义？ ③ 这些培训内容对于该民航企业的发展又有什么意义？ （2）其他小组认真观看，并就发言要点做好记录 （3）在知识分享的过程中，其他小组的成员可就研究方法等相关问题对其进行提问
教师点评	各小组发言结束后，教师进行点评并组织讨论：

活动评价

各组配合指导老师对活动的实施情况进行评价，并将评价的结果填写在表 1-3 所示的考核评价表中。

表 1-3　考核评价表

考核内容	评价标准	分值	评价分数		
			自评	互评	师评
知识与技能评价	（1）能够有针对性地采用合适的方法搜集资料	15			
	（2）所选案例具有较强的代表性	20			
	（3）理论知识扎实	20			
	（4）有自己的见解	20			
综合素养评价	（1）仪容仪表得体，讲述逻辑清晰	5			
	（2）具备团队精神，能够积极与他人合作	10			
	（3）态度积极、认真参与实践活动	10			
合计		100			
总评	自评（25%）+互评（25%）+师评（50%）=	教师（签名）：			

综合测验

一、不定项选择题

1. 心理过程可分为（　　），这些过程既有区别又有联系。
   A. 认知过程　　B. 个性过程
   C. 情感过程　　D. 意志过程
2. 民航服务心理学的研究内容有（　　）。
   A. 旅客的知觉　　B. 旅客的情绪情感
   C. 民航服务人员的个性　　D. 民航服务人员的心理健康
3. （　　）是指通过访问、谈话和问卷等方式收集有关资料的一种方法。
   A. 观察法　　B. 调查法
   C. 实验法　　D. 测验法
4. 常见的非语言沟通的形式有（　　）。
   A. 目光　　B. 表情
   C. 姿势与手势　　D. 交往距离

二、填空题

1. ________________是心理活动的表现形式，就是指个人在社会活动中通过亲身经历和体验表现出的情感和意志等活动，如感觉、知觉、记忆、思维、想象、情感、意志、能力、气质和性格等。

2. ______________是指人们为了认识和改造世界，主动地设立目标，并有意识地克服内心障碍与外部困难，努力实现预期目标的心理过程。

3. 民航服务不能储存，只有一次使用价值，是“当时的”，这说明民航服务具有____________。

4. 在客我交往中，服务人员在沟通时必须遵循_______、_______、_______、_______、_______和_______等基本原则。

三、简答题

1. 简述民航服务的特征。
2. 请结合实际谈谈学习民航服务心理学的意义。
3. 简述客我交往中的沟通技巧。

四、案例分析题

阅读下面的案例，回答问题。

为自闭症儿童建立“空中心桥”

春运第一天，某次航班迎来了一位特殊的旅客——一位患有自闭症的少年。府颖是该航班的乘务长，有着多年的飞行经验，她有信心把这位特殊的旅客照顾好。

在飞机上客前，府颖向乘务组通报了这位特殊旅客的情况，要求乘务组在飞行途中细心关注他的行为举止，且非必要时不要去打扰这位旅客。一场与自闭症儿童建立“空中心桥”的旅行就这样开始了。

少年入座后，府颖主动向其进行了自我介绍，在其父母的提醒下，少年说了一声“阿姨好”，为了调节气氛，府颖开玩笑地说“可以叫我姐姐”，这也拉近了他们之间的距离。

飞机起飞后，这位患有自闭症的少年不停地撕报纸，以此来缓解紧张情绪，府颖和组员们看到后，不仅没有拦着，还默默地拿来了十几本杂志放在这位少年的旁边。最终，航班顺利到达了目的地，虽然这位少年的座位旁堆了一地被他撕碎的杂志，但看着他平静地和父母走下飞机，想着他可以和家人一起过年，乘务人员是喜悦的。

“患有自闭症的孩子在人多的情况下会有压迫感，为了最大限度地让他保持情绪稳定，我们没有阻止他撕报纸。于我们而言，不过是损失了几本杂志，但对他而言，却是可以回家过年，与家人团圆。”府颖说。

问题：乘务长府颖是如何与自闭症儿童建立“空中心桥”的？这个案例给你带来了哪些启发？

项目学习总结与思考

学习要点与难点	
待（未）解决的问题	
拟解决的方法	
已解决的问题	
经验总结	
学习心得	
思想感悟	

项目二

周到贴心——知悉旅客知觉

项目导读

知觉是旅客感知民航服务的基础，对民航旅客的选择、注意和需要等有着重要的影响。因此，了解知觉的内涵与特征，民航旅客知觉的特性极其影响因素，有助于民航服务人员准确把握旅客的感受，更好地处理民航服务中遇到的各种问题，避免在服务工作中出现习惯性的与易忽视的不良行为。

学习任务清单

学习目标	学习内容	目标是否达成		备注
		达成	未达成	
素质目标	提高自身的感知能力	□	□	
	强化责任意识，树立“旅客至上”的服务理念	□	□	
知识目标	了解知觉的内涵与特征	□	□	
	掌握民航旅客知觉的内容	□	□	
	了解影响民航旅客知觉的因素	□	□	
能力目标	能运用知觉特性解决各种实际问题	□	□	
	避免与克服民航服务中的知觉偏差	□	□	

任务一　分析民航旅客的知觉

案例导入

海航提供新春定制款洗护用品，更添新年气氛

在新春佳节即将到来之际，海南航空控股股份有限公司（简称“海航”）上线了“Hai Dream 海享好梦”系列新春定制款洗护用品，旨在为旅客打造贴心、精致的云端旅途，并以浓烈的中国红为新年开启新篇章。

该系列洗护用品的外包装以喜庆的中国红为主色调，内含高端护肤套装、折叠式梳子、耳塞、眼罩、袜套、牙具套装和眼镜布等。其中，梳子、耳塞盒、眼罩和袜套均以中国红为主色调，大面积红色的运用既是对节日气氛的渲染，也代表了对新的一年的美好期待，从而让所有旅客都能拥有欢乐出行的好心情。

扫一扫

海航宣传片：《Hai 享此刻》

知识准备

一、知觉概述

（一）知觉的概念

知觉是指个体对直接作用于感觉器官的客观事物整体属性的反映。例如，个体对某个苹果的颜色、香气、硬度和甜度等属性进行整合，并借助以往的经验，就形成了对这个苹果的整体印象，上述信息整合的过程就是知觉。

具体而言，知觉具有以下三个方面的含义：① 知觉是客观事物直接作用于感觉器官而产生的；② 知觉是以感觉为基础的，但不是后者的简单相加；③ 知觉包含了觉察与分辨等一系列过程。

知识角

知觉与感觉的关系

知觉与感觉都是个体对当前直接作用于感觉器官的客观事物属性的反映。离开了客观事物的直接作用，就不能产生知觉与感觉。然而，知觉与感觉又是有区别的，其主要体现在以下三个方面。

（1）知觉是对客观事物的各种属性、各个部分及其关系的整体的、有界限的反映；感觉是对客观事物的个别属性的孤立的、无界限的反映。

（2）知觉依赖于多种感觉器官的联合活动；感觉仅依赖于个别感觉器官的单独活动。

（3）知觉的产生除了受到作用于感觉器官的客观事物的影响之外，还受到个体其他心理现象（如需要、动机、兴趣、记忆和思维等）的影响，并在很大程度上依赖于个体的经验；感觉的产生主要由作用于感觉器官的客观事物的性质决定。

（二）知觉的类型

根据人脑所反映的事物的特征，知觉可分为空间知觉、时间知觉和运动知觉。

1. 空间知觉

空间知觉是指人脑对物体的空间特征的反映，包括形状知觉、大小知觉、方位知觉和距离知觉等。空间知觉在人对周围环境的认知中有着重要的作用。一个人若不能分辨物体的形状与大小，人或物体的方位与距离等，就无法正常地生活。

2. 时间知觉

时间知觉是指人对客观现象延续性与顺序性的反映。具体来说，时间知觉包含以下三个方面的内容：① 对时序的知觉，如季节变换的顺序，月亮的盈亏等；② 对时点的知觉，如知道当天的日期；③ 对时距的知觉，如这门课已经开讲两个月了，或再有约十分钟就能走到教室。

人的时间知觉与其情绪、动机、态度和其从事的活动内容关系密切。积极的情绪会让人觉得时间短，消极的情绪会让人感觉时间长；对持续时间越在意，就越觉得时间长；满怀期待会让人觉得时间过得慢；内容丰富、有趣的活动会让人觉得时间过得快，而枯燥乏味的活动会让人感觉时间过得慢。

个案厅

巧用时间知觉，提高旅客满意度

旅客在某机场下飞机后只需步行三分钟便能到达行李领取处，却需等待五分钟以上才能拿到行李。旅客们纷纷投诉，抱怨机场的工作效率低，耽误了旅客的时间。由于增加雇员与设施有困难，机场方面采取了迁移行李领取处的措施来改善旅客的体验。这样一来，旅客需要步行五分钟到达行李领取处，而等候行李的时间缩短至两分钟。虽然旅客在下飞机后仍然需要 7～8 分钟才能取到行李，但旅客不满意的现象却大大减少。

3．运动知觉

运动知觉是指人脑对物体空间位移的反映。物体的运动总是在一定的时间与空间中进行的。因此，运动知觉跟空间知觉与时间知觉有着不可分割的联系。通过运动知觉，人们可以分辨物体是否在运动及其运动速度的快慢。

运动知觉为人们的正常生活与工作提供了必要条件。例如，行人在穿越马路时，需要通过运动知觉来估计车辆行驶的速度及其与自己的距离，从而确认自己是否能够安全地通过。

（三）知觉的特性

1．知觉的整体性

知觉的整体性是指个体会根据自身的经验，把直接作用于感觉器官的客观事物的多重属性整合为一个整体的特性。通常，知觉对象是由多个部分组成的，但人们并不会把它感知为许多个别的与孤立的部分，而总是把它感知为一个统一的与有组织的整体。

扫一扫

知觉的特性

2．知觉的选择性

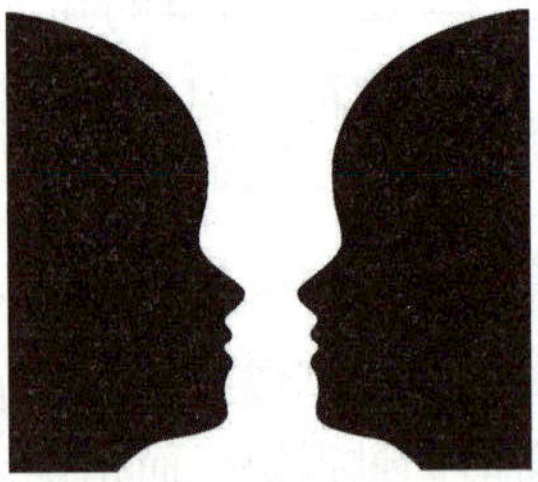

图 2-1　知觉选择性示意图

知觉的选择性是指个体根据自身的需要与兴趣，有选择地把某些刺激作为知觉对象，而把其他刺激作为背景的特性。例如，当我们观察图 2-1 所示的图像时，若以黑色部分作为知觉对象，可以看到两个人脸的侧面影像；若以白色部分作为知觉对象，则可以看到一个奖杯底座的影像。

3．知觉的理解性

知觉的理解性是指个体会利用自己已有的相关经验对所获得的知觉映象进行加工处理，赋予知觉对象确定的含义，并用语言对其加以概括，从而将其表示出来的特性。知觉的理解性主要受个体的知识经验、对知觉对象的态度，以及他人的言语提示等因素的影响。

4. 知觉的恒常性

知觉的恒常性是指当客观条件在一定范围内发生变化时，个体的知觉映象并不会因此而发生变化的特性。也就是说，知觉能够在相当程度上保持稳定性。例如，当我们以不同的角度或距离观察一个圆形物体时，其呈现出的形状或大小会有所不同，但这并不会影响我们对其形状的原有认知。

二、民航旅客知觉的内容

（一）民航服务环境

旅客对民航服务环境的知觉主要包括对民航服务场所和民航服务设施与设备的知觉。

1. 民航服务场所

民航服务场所主要包括售票处、机场、飞机客舱和货运场所等。旅客一般会从空间的布局、色彩、光线、通风、温湿度和噪声等方面对前两个服务场所进行感知。旅客对飞机客舱的知觉主要表现在客舱的舒适性、机上配餐的可口性上等。

2. 民航服务设施与设备

民航服务相关的设施与设备主要包括售票处的设施与设备、机场设施与设备、客舱设施与设备和货运设施与设备等。这些设施与设备为旅客的购票、候机和旅行等活动提供了物质基础，故其必须安全、方便和舒适。

（二）民航服务人员

在民航服务过程中，旅客对民航服务人员的知觉主要包括对民航服务人员的仪表与言谈举止等方面的知觉。

1. 仪表

仪表是指人的外部形象，是一个人的精神面貌与内在涵养的外在表现。民航服务人员应保持整洁大方与端庄得体的仪表，以给旅客留下良好的第一印象。

2. 言谈举止

（1）语言

语言是人们用来表达意思与交流思想的工具，其内容、语音、语调和语速等能够反映出个体的心理与行为趋向。例如，语音轻快，表明心情愉快；语调高亢，表明情绪激昂；语速过于急促或迟缓，表明心里紧张。

在民航服务过程中，服务人员清晰、得体和悦耳的语言会给旅客带来愉快与亲切之感；反之，服务语言生硬、唐突、刺耳，会使旅客难以接受，进而产生矛盾。

（2）举止

举止包括人的表情、风度和姿态，是人的态度、情绪和动机等心理现象的外在表现。

例如，眉飞色舞的神情能够反映出个体喜悦与兴奋的心理状态；愁眉苦脸的神情可反映个体沮丧的心理状态。

在民航服务过程中，如果服务人员站姿随意、动作不雅，可能会让旅客认为其工作态度不端正。因此，民航服务人员应时刻注意自己的行为举止。

知识角

站姿训练小妙招

1．靠墙练习

此练习主要训练整个身体的控制能力。

训练要领：背墙站立，脚跟、小腿、臀部、双肩和头部紧贴墙壁，使身体保持一条直线。

训练时间：每天一次，约 15 分钟。

2．分腿立

此练习主要训练臀、腹及上身。

训练要领：双腿在小八字立的基础上分开至与肩同宽，双手叉腰，双肘微向前扣，收腹，挺胸，立腰，立背，双肩后张、下沉，夹臀的同时收腹。

扫一扫

站姿的基本要领

训练时间：每天一次，约 15 分钟。

3．头上顶书

此练习主要训练头部的控制能力。

训练要领：基本站姿站好后，选取一本重量适宜的书放于头顶中心位置，身体保持平稳，努力保持书在头上的稳定性。

训练时间：每天一次，约 15 分钟。

4．点地练习

此练习主要训练腿的控制能力和身体重心的稳定性。

训练要领：在基本站姿的基础上，保持上身形体和重心的稳定，右腿向前伸直点地，脚尖绷紧，脚面外翻，坚持数秒后收腿回位，换左腿重复以上动作。

训练时间：每天一次，约 15 分钟。

（三）民航服务文化

民航服务文化是民航企业文化的一部分，是体现民航企业的服务价值取向与服务模式的总和，包括服务理念与服务制度两个层面的内容。

1．服务理念

服务理念是服务文化建设的基础，也是服务文化的核心与动力。具体而言，服务理念是对服务目标与原则的认定与追求，有助于塑造出独特的企业服务形象，并被旅客所觉知，进而给旅客留下深刻的印象。例如，中国南方航空集团公司的服务理念是“一切从旅客的感受出发，珍惜每一次为旅客服务的机会。”

2．服务制度

服务制度包括服务机制、服务方式和服务特色等，是服务文化建设的重要保障。民航企业将优秀的服务文化用制度规定下来，形成科学的管理体系与服务机制，并将抽象的服务理念与要求转化成具体的服务方式。这些服务方式渗透到民航服务工作中，进而被旅客所感知，从而给旅客留下深刻的印象。

例如，海南航空为乘坐早班飞机的旅客提供了叫醒服务；针对无法确定出游时间的旅客推出了“自由飞”预约类飞行产品，旅客可根据需求选择一条或多条航线，并以优惠的价格提前锁定飞行权益。

三、影响民航旅客知觉的因素

影响民航旅客知觉的因素可以从客观因素与主观因素两个方面进行分析。

（一）影响民航旅客知觉的客观因素

客观因素是指民航旅客心理因素以外的因素，主要包括旅客的生理因素、知觉对象的特征、知觉对象的背景和他人的提示等因素。

1．旅客的生理因素

旅客知觉的产生依赖旅客通过感觉器官去获取各种信息。因此，生理因素（如身高、体型、健康状态和生理残疾等）会对旅客的知觉产生重要的影响。例如，有视觉障碍的旅客不能对机场的照明、座椅的颜色和服务人员的微笑等产生知觉；有听觉障碍的旅客难以被服务人员温柔的语气所打动。

2．知觉对象的特征

知觉是由知觉对象引起的，知觉对象的大小、强度、新颖性、对比度和重复性等都会影响知觉效果。例如，机舱内的安全标志常以醒目的方式呈现，目的是为了让旅客容易产生知觉；而机舱内柔和的光线则是尽量避免对旅客产生强烈的视觉刺激。

3．知觉对象的背景

知觉对象的背景是指对知觉对象起衬托作用的客观环境。背景与知觉对象在强度、颜色和形状等方面的反差越大，人们对知觉对象的知觉就越清晰。例如，当飞机上有重要的事情要广播时，乘务员一般会把背景音乐的音量调小或直接关掉，以使旅客对要广播的内容产生清晰的知觉。

4. 他人的提示

他人的提示有助于提高旅客的知觉理解性。它能使旅客迅速理解知觉对象，从而加深对知觉对象的印象。例如，乘务员对机舱设备的讲解可使旅客对设备的知觉更加清晰明了。

（二）影响民航旅客知觉的主观因素

主观因素是指民航旅客的心理因素，包括旅客的需要与动机、知识与经验、兴趣与爱好、个性与情绪等。

1. 需要与动机

一般而言，能够满足旅客的需要，激发旅客产生动机的事物较容易引起他们的注意，进而成为知觉对象。反之，和旅客的需要与动机无关的事物则容易被旅客所忽略。

2. 知识与经验

旅客所具备的知识与经验直接影响其知觉的内容、精确度和速度。一般来说，旅客的知识与经验越丰富，对事物的知觉就越全面与深刻。

3. 兴趣与爱好

人们通常会把知觉集中在自己感兴趣或爱好的事物上，而将其他事物排除在知觉之外。例如，对艺术感兴趣的旅客会对机场的建筑风格与装修风格等产生知觉；旅游爱好者会对一些旅游信息与人文特色产生知觉。

4. 个性与情绪

人的气质、性格特征和情绪等都会对知觉产生影响。例如，性格强势的人容易对服务表示不满。

此外，民航旅客的年龄、性别、职业、收入、国籍、民族和信仰等也是影响他们对民航服务知觉的重要因素。

头脑风暴

锦绣潇湘新名片——湖南航空全面升级“湘式”服务

“浏阳河，弯过了几道弯，几十里的水路到湘江”，当您乘坐湖南航空的航班从万米高空俯瞰浏阳河时，便可从曲调婉转的歌曲《浏阳河》中感受到浓郁的湖湘风情。

作为湖南省首家本地航空公司，湖南航空把“全面升级‘湘式’服务，提升真情服务品质，打造潇湘文化新名片”作为公司发展的核心战略，围绕旅客服务需求，全流程、多维度地开发了一系列“湘味”产品与服务。

此前，湖南航空已经通过主题航班陆续将臭豆腐、小龙虾和糖油粑粑等湖南美食带上飞机，使民航成为湖南文化的空中传播窗口。湖南航空还将推出精心组建的“锦绣潇湘”特色乘务示范组。该示范组将与湖南师范大学湘绣创新研发中心共同创作与研发特色制服，从袖口、衣领和丝巾等方面对原有制服进行升级改造，把能够代表潇湘文化的湘绣元素体现在制服上。

问题：案例中出现了哪些影响旅客知觉的客观因素与主观因素？

四、民航旅客的知觉偏差

（一）首因效应

首因效应是指个体在首次认知过程中形成的印象会对以后的认知产生重要的影响。研究表明，人们对事物的第一印象，不管正确与否，总是最鲜明与最牢固的，并且比以后的认知在印象形成中占有更大的比重。

例如，当旅客走进机场大厅时，若服务人员穿着得体、礼貌热情、举止得当，给旅客留下了良好的第一印象，则旅客对民航服务的印象就会较好，投诉的可能性也会相应降低。

个案厅

东方航空着力打造乘务员的职业形象

中国东方航空集团有限公司（以下简称“东航”）为了给旅客留下良好的第一印象，特别邀请专业的形象设计师为东航乘务员量身定制妆容标准，使她们的妆容更贴合职业特点，并与制服的颜色与款式、个人的肤色与气质等达到高度的和谐，如图 2-2 所示。

图 2-2 东航乘务员的职业化妆容

（二）晕轮效应

晕轮效应是指由事物的某种特征推及事物的总体特征，从而产生美化或丑化事物的现象。晕轮效应容易使人们产生以偏概全的知觉偏差。

在民航服务工作中，晕轮效应表现为旅客对服务人员在某一个方面产生较为清晰与鲜明的印象后，以此推测出服务人员在其他方面的表现。因此，在民航服务工作中，服务人员既要利用晕轮效应的积极作用努力做好工作，赢得旅客的良好评价；同时，又要避免晕轮效应的消极作用，不能忽视任何小错，以防因小失大，从而损害民航企业的形象与利益。

（三）刻板印象

刻板印象是指人们对某些事物或人产生了一种笼统的、固定的看法与印象，并将这种观点推而广之，认为其整体都具有这一特征。例如，有些旅客受到个别事件的影响，认为只要航班没有正常起飞，就可以通过投诉航空公司得到一定的赔偿，这是旅客在没有直接经验的基础上形成的对航空公司的刻板印象，进而给自身带来认知上的偏差。

刻板印象虽然容易给人带来认知偏差，但也有其积极的一面，即有助于简化人们的认知过程，为人们迅速适应社会环境提供一定的便利。

任务实施

案例分析：旅客第一次乘坐飞机的感受

一位旅客第一次来到机场，他既紧张又兴奋，对机场的一切都充满了好奇。进入机场大厅，他跟随朋友一起去办理登机牌。他得知航班每排有六个座位——ABCDEF，A 与 F 是靠窗的座位，C 与 D 是靠过道的座位，B 与 E 则是中间的座位。他选择了一个靠窗的座位，以便观赏空中美景。服务人员为其办理登机手续后，将登机牌交给他。他看到登机牌上标有航班信息、旅客信息、登机口和座位号等。拿着登机牌，他和朋友一起去安检口接受安检，随后进入候机区，并在指定的登机口等待登机。

一小时后，他和朋友排队通过了登机口，顺着地面指向标登上了飞机。在机舱门口，身着天蓝色制服的乘务员正在迎候旅客，她们会给旅客指示座位的方向，热情地帮助旅客摆放行李箱，等等。机舱内正在播放乘机安全注意事项……这一切都让他感到温馨而惬意。

做好一切准备后，飞机起飞了。飞机先是缓缓地离开停机坪，继而平缓地滑向跑道，随后速度越来越快，加速、再加速……伴随着巨大的轰鸣声，飞机冲出了跑道，飞上了高空，几分钟后就钻入云端。在到达固定的高度后，飞机便开始水平匀速飞行。

坐在飞机上，他隔窗眺望，映入眼帘的是一望无际的蓝天，一簇簇、一团团千姿百态的云朵在飞机下飘浮着，将他带入了一个美妙的空间。他这才知道，原来飞机是在云层的上面飞行的。

一个半小时后，飞机开始下降，此时机身有些颠簸，他感到有些耳鸣，身体也跟着来回晃动，但这些感觉很快就消失了。与此同时，他也感觉到飞机正在着陆，速度由快到慢，并最终停了下来。

虽然这是他第一次乘坐飞机，但他并没有感到任何不适，即使是飞机在起飞与降落时发出了巨大响声，也只是让他感到新鲜与好奇。

问题：（1）案例中的旅客对哪些事物产生了知觉？

（2）旅客的知觉反映了知觉的哪些特性？

任务二　了解民航服务中的知觉特性

案例导入

想旅客所想，急旅客所急

蔡莉是东航河北分公司一名有着十年工作经验的乘务长。蔡莉在服务过程中常常通过细致的观察，灵活提供恰到好处的客舱服务。

在一次飞行中，一位旅客姗姗来迟。经过了解，蔡莉得知这位旅客因为临时购票而没有预定自己所需的餐食，便和头等舱的乘务员进行了 次“头脑风暴”。蔡莉看到这位旅客在迎宾饮料中选择了橙汁，想到这次的机组水果中有脐橙与酸奶，可以为他准备一份水果餐。头等舱的乘务员看到起飞前该旅客吃了一块巧克力，而普通舱的餐盒里正好也有巧克力。随后，她们便将这些食物组合在一起，为该旅客准备了一份特殊的餐食。在之后的一个多小时飞行中，她们始终关注着这位旅客，旅客每一个细小的动作都为蔡莉提供了服务信息。蔡莉就是这样以及时且贴心的服务一次次地赢得了旅客的赞赏。

知识准备

一、民航服务人员对旅客的知觉

民航服务人员对旅客的知觉主要是指对旅客外部特征的知觉，进而获得旅客的需求、情感和意图等方面的信息。具体而言，民航服务人员对旅客的知觉包含以下几个方面的内容。

（一）对语言的知觉

人的语言节奏、语调高低和语速缓急可以反映其内心世界与性格特征。例如，高谈阔论说明旅客性格开朗、心情愉快；唉声叹气、语调沉缓，说明旅客心情忧郁、闷闷不乐；语调高、语速快，说明旅客性子较急、脾气暴躁；语调低、语速慢，则说明旅客性情温和，情绪变化不明显。

（二）对表情的知觉

面部表情是一个人喜怒哀乐的晴雨表，因此，人们通常用愁眉苦脸与眉开眼笑分别描述人的哀与乐。例如，旅客目光炯炯、神采奕奕，说明他情绪高涨、心情愉快；旅客目光呆滞、脸色阴沉，说明他情绪低落、心中不快。

（三）对动作的知觉

人的体态与动作是其表达意思与交流情感的一个重要标志。例如，点头表示赞同，摇头表示反对，挥手表示打招呼，等等。民航服务人员要善于观察旅客的动作，进而推断旅客的需要，从而恰当地为其提供服务。

（四）对个性的知觉

个性是多种心理特征的组合，它集中地反映了一个人的精神面貌，及其不同于他人的独特心理。个性是旅客在相当长的时间内形成的较为稳定的心理品质，且看不见、摸不着，民航服务人员必须通过旅客的言谈举止去推断其个性。例如，性格倔强的旅客通常对服务比较挑剔；个性温和的旅客通常对服务人员的态度比较随和。

（五）对角色的知觉

角色是指人在社会上所处的地位、从事的职业、承担的责任，以及与此有关的一套行为模式，如飞行员、乘务员、商人和教师等。

对角色的知觉主要包括两个方面的内容：一是根据一个人的行为模式推测他所从事的职业或相应的社会角色，如旅客谈吐儒雅、学识渊博，可推测他从事的职业与教育或科研有关；二是根据一个人的社会地位与职业特点来推测他的行为与心理特征，如医生可能会对服务环境与食物等的卫生条件要求较高。

二、知觉特性在民航服务中的应用

在民航服务工作中，运用知觉特性提高旅客对民航服务的感知效果，从而给旅客留下良好的印象是十分必要的。具体而言，民航企业可从以下几个方面为旅客带来舒适的知觉体验。

（一）树立良好的个人形象

扫一扫

如何成为一名合格的乘务员

1. 服饰与妆容要求

民航服务人员的穿着应整洁、得体、大方，妆容应具有清丽与素雅的特点，相同岗位服务人员的衣着应统一，从而给人以庄重、职业的知觉印象。

2. 语言要求

民航服务人员应规范使用礼貌用语，恰当称呼旅客，友好与得体地回答旅客的问题，注意语言表达流畅、逻辑清晰。

3. 行为举止要求

民航服务人员的行为举止应符合民航服务工作的职业要求，站姿、坐姿和走姿要规范；举止文雅、落落大方。同时，面部表情应愉悦、真诚。

（二）创设良好的服务环境

民航旅客除了会对服务人员的形象产生知觉以外，对服务环境也会有不同的需求，如洁净、舒适、宁静和优美等。因此，民航企业应将知觉特性运用在创设良好的服务环境中，给旅客带来美好的感觉和愉快的体验，从而给旅客留下难忘的印象，以发挥晕轮效应的积极作用。例如，宽敞明亮的候机大厅（图 2-3）与整洁舒适的机舱环境都能给旅客以轻松与愉快的感觉。

图 2-3　北京大兴国际机场候机厅

（三）秉持良好的服务态度

服务态度是指民航服务人员对旅客在言语、表情、行为和举止等方面所表现出来的一种心理倾向。良好的服务态度会使旅客与服务人员更加亲近，进而提高旅客的满意度；而低劣的服务态度会使旅客产生反感，进而使旅客对民航企业的服务失望透顶，避之不及。

这就要求民航服务人员应当热爱服务工作，明确服务工作的特点，树立旅客至上的服务意识，在服务过程中积极主动、热情待客，急旅客所急，不断满足旅客的各种合理需求，甚至超越旅客对服务的要求与期望。

（四）善于对旅客察言观色

在民航服务工作中，服务人员会接触到各个国家与不同地区的旅客，服务人员应当通过观察旅客的衣着、服饰、面部表情、体型、肤色、肢体动作、语言特点、行李、用具和生活习惯等，掌握旅客的国籍、民族、年龄、文化修养、社会阶层、性格、职业习惯、身体状况和婚姻状况等方面的信息，从而根据旅客的不同需求与特点，做好民航服务工作。

任务实施

街头采访：说说对民航服务的印象

实施步骤

（1）全班学生分成若干小组，每组4～6人，并推选出小组长。

（2）组长组织小组成员在街头随机采访不同年龄段的路人，询问他们对民航服务的印象，并对有价值的信息进行记录。

（3）街头采访结束后，各小组汇总采访信息，并由小组长进行课堂汇报，汇报形式不限。

（4）老师对各小组的表现进行点评。

华彩流光

“冬奥运动号”首航，共赴冰雪之约

2021年2月26日11时15分，由北京2022年冬奥会和冬残奥会组织委员会携手中国国际航空公司设计涂装的冬奥主题彩绘飞机“冬奥运动号”从北京首都国际机场腾空而起飞往武汉，这是国航继“冬奥冰雪号”之后喷涂的第二架冬奥主题彩绘飞机，如图2-4所示。

图2-4　国航“冬奥运动号”

“冬奥运动号”的首航恰逢元宵佳节，它在这个团圆的日子里完成了加入冬奥大家庭后的首秀。“冬奥运动号”选用冬奥核心图形与体育图标作为主要设计元素，核心图形以蓝色渐变与飞机整体色调

完美融合，机身两侧画有八个极具动感的冬奥会与冬残奥会体育项目图标，展现出冬季运动挑战自我、追求卓越的特点，同时也传递出冬季运动的热情与活力。

“冬奥运动号”不仅“颜值”高，而且有着丰富的内涵。走进机舱，行李架及背景板上张贴着设计精美的“冬奥运动号”海报，象征着冬奥核心赛事的美丽剪影铺满了整个机舱，仿佛在向世界招手，盛情邀请共赴美丽的冰雪之约。机上杂志《中国之翼》也特别开设了“云端—冬奥”栏目，为旅客讲述冬奥会的悠久历史与冬奥冠军们的故事。机上的娱乐系统中除了播放新春系列节目，还特别准备了《北京 2022 冬奥传奇系列故事》《雪板的尽头》等丰富的冬奥纪录片及各类冰雪运动视频，让旅客们在机舱中不仅能感受到团圆美好的节日气氛，还能沉浸在活力四射的冬奥氛围中。

（资料来源：中国民航网，http://www.caacnews.com.cn/1/6/202102/t20210226_1320078.html，有改动）

实践活动

调查活动——知觉特性在民航服务中的应用

活动概述

为了深入了解民航旅客知觉的内容，明白旅客的知觉与知觉特性的运用对民航服务的重要性，请全班同学以小组为单位，搜集航空公司的标志、企业文化、乘务员服装样式、服务案例和机场环境等相关资料，并选派代表在班级内进行知识分享。

活动准备

1. 全班同学分成若干小组（3～5 人一组），各小组选出一名组长。

2. 组长组织各小组成员讨论确认调查对象（注意：各小组选择的航空公司不要重复），并将具体分工填写在表 2-1 中。

表 2-1　小组成员及分工情况

班级		组号		指导教师	
小组成员	姓名	学号	任务分工		
组长					
组员					

活动过程

各小组根据表 2-2 所示的活动内容及活动要点实施活动。

表 2-2　活动实施要点

活动流程	活动内容及活动要点
知识准备	各小组按照任务分工，采用恰当的方法搜集资料
知识分享	（1）各小组选派代表（1～2 名）轮流展示（可以采用演讲、PPT 演示和视频讲解等不同形式）本组的调查结果 （2）其他小组认真观看，并做好记录
讨论点评	各小组展示结束后，教师组织讨论： （1）各个航空公司在其服务工作中体现了哪些知觉特性？ （2）哪一组的展示给你留下的印象最深刻？你记住了哪些有效信息？

活动评价

各组配合指导老师对活动的实施情况进行评价，并将评价结果填写在表 2-3 所示的考核评价表中。

表 2-3　考核评价表

考核内容	评价标准	分值	评价分数		
			自评	互评	师评
知识与技能评价	（1）能够采用恰当与生动的形式展示调查结果	15			
	（2）能够运用知觉特性分析民航企业的服务工作	20			
	（3）理论知识扎实	20			
	（4）有自己的见解	20			
综合素养评价	（1）仪容仪表得体，讲述逻辑清晰	5			
	（2）具备团队精神，善于与他人合作	10			
	（3）态度积极，认真参与实践活动	10			
合计		100			
总评	自评（25%）+互评（25%）+师评（50%）=	教师（签名）：			

综合测验

一、不定项选择题

1．我们可以根据人脑所反映的事物的特征，将知觉分为（　　）。

A．空间知觉　　B．时间知觉　　C．运动知觉　　D．情感知觉

2．当直接作用于感官的刺激不完整时，人会根据自己的知识与经验，对刺激进行加工处理，使自己的知觉仍旧保持完整性的特性，称为知觉的（　　）。

A．选择性　　B．理解性　　C．恒常性　　D．整体性

3．（　　）在民航服务过程中表现为旅客对服务人员与航空公司某方面有较清晰与鲜明的印象后，掩盖了对服务人员和航空公司其他方面的知觉。

A．错觉　　B．首因效应　　C．晕轮效应　　D．刻板印象

二、填空题

1．当客观事物在一定范围内的物理特性发生变化的时候，人的知觉印象仍保持相对不变的特性称为知觉的________________。

2．____________________是指社会上部分人对某些事物或人物所持的笼统的、固定的看法与印象。

三、简答题

1．简述民航旅客知觉的内容。

2．简述影响民航旅客知觉的因素。

3．简述知觉特性在民航服务中的应用。

四、案例分析题

阅读下面的案例，回答问题。

形形色色的人

人们一般认为工人勤劳、农民质朴、军人雷厉风行、教师文质彬彬、商人精明……诸如此类都是人们类化的看法，是人脑中形成的固定印象。此外，性别与年龄等因素，也可成为人们对形形色色的人分类的标准。例如，若按年龄归类，人们通常认为年轻人上进心强，敢说敢干，而老年人则墨守成规，缺乏进取心；若按性别归类，人们通常认为男性总是独立性强，竞争心强，有抱负，而女性则是依赖性强，心细柔弱，等等。

问题：（1）上述现象反映了心理学中的什么理论？

（2）上述现象给人带来了哪些影响？

项目学习总结与思考

学习要点与难点	
待（未）解决的问题	
拟解决的方法	
已解决的问题	
经验总结	
学习心得	
思想感悟	

项目三

及时满足——透视旅客需要

项目导读

民航服务的本质是满足旅客的需要。服务人员只有及时地了解并掌握各类旅客的不同层次的需要，才能有针对性地为其提供个性化的服务，进而提升旅客的满意度，从而为民航企业赢得良好的口碑，增强企业的竞争力。

学习任务清单

学习目标	学习内容	目标是否达成		备注
		达成	未达成	
素质目标	培养好奇心，提高洞察力	□	□	
	培养爱岗敬业与尊老爱幼的职业道德品质	□	□	
知识目标	了解需要的含义与特点	□	□	
	理解马斯洛的需要层次理论	□	□	
	掌握一般旅客的服务需要	□	□	
	掌握特殊旅客的服务需要	□	□	
能力目标	能为有不同需要的旅客提供相应的服务	□	□	

任务一 分析一般旅客的需要

案例导入

天津航空深化差异化服务转型，提升旅客出行体验

天津航空有限责任公司立足旅客需要，深化差异化服务转型，切实提升旅客的出行体验。

一、丰富航旅增值产品，服务权益自由选择

人们日益增长的美好生活需要使得旅客的个性化需要日益强烈，差异化服务已成为大势所趋。在这一时代背景下，天津航空以旅客的需要为中心，全面优化票价体系，推出了多样化的国内航线价格档位。同时，天津航空还推出定制套票、升舱等特色产品与服务供旅客自由选择，以丰富其出行体验。

二、行李托运方便快捷，空中支付成为现实

以往旅客在办理逾重行李缴费时，会因流程烦琐而等候较长的时间。如今，天津航空在大连、天津等地区先后投产逾重行李智能收费系统，有效避免了旅客二次排队与长时间的等待，缩短了登机手续的办理时长，使旅客的出行更加高效与便捷。

此外，天津航空借助机上销售系统，能够在万米高空实现离线支付功能，有效解决了飞行途中因无网络、无现金导致的旅客“购物难”问题。旅客仅需在移动终端处于飞行模式时打开支付宝 App，扫描乘务员提供的二维码，即可轻松下单，非常方便。

知识准备

一、需要与需要层次理论

（一）需要的含义

心理学认为，需要是指个体内部的一种缺失或不平衡状态，表现为个体对内部环境或外部生活条件的一种稳定的渴望或要求。具体而言，需要具有以下两个方面的含义。

（1）需要源于自身的某种缺失或不平衡。人的生存与发展必须依赖一定的条件，如果条件不足，则其生理或心理就处于不平衡状态，进而产生对恢复平衡的渴望或要求。例

如，人在口渴时会产生饮水的需要。

（2）需要是人类行为的动力源。需要是人类活动的基本动力，它激发人们朝着一定的方向行动，并指向具体的对象，以求得自身需要的满足。一旦人们原有的需要得到满足，不平衡的状态就会消失，但新的需要很快会出现，周而复始，呈现出动态的发展过程。

（二）需要的特点

虽然人的需要是多种多样的，但是需要作为反映个体现实要求的一种主观倾向，是具有普遍性的。具体而言，需要具有以下几个特点。

1．对象性

个体的一切需要总是指向具体的目标与对象。例如，人饿了会产生进食的需要，其对象就是食物；人感到寂寞时就会产生与他人交流的需要，其对象可能是同学或朋友。所以，需要总是与满足需要的对象联系在一起的。

2．紧张性

需要是个体在生活中感到有所缺失而形成的心理状态。当需要尚未被满足时，个体或多或少地会产生一种焦虑感与紧张感。例如，学生因期望在考试中拿到好名次（自身价值被认可的需要）而感到紧张与焦虑。

3．层次性

人的需要是有层次的，其底层需要是生存与安全需要，而社交与精神需要是较高层次的需要。同时，人的需要是由低级向高级发展的，即一种需要被满足后，又会在这个基础上产生更高层次的需要。

4．驱动性

需要产生时，人们就会想方设法地去满足它，这时，需要就变成了驱动力，推动着人们去行动，以求得生理与心理上的平衡。需要越强烈，其对人的行为的驱动力就越大。

5．发展性

随着生活水平的不断提高，人的需要在内容与层次上也会不断地更新与发展。例如，旅客对候机厅的需要已经不再仅仅是环境卫生、座椅舒适等基本的需要，他们还会对候机厅的服务设施与消费环境等提出更高的要求，以满足其社交与尊重等更高层次的需要。

6．共同性与独特性

需要具有共同性，基本的需要如生理需要与安全需要是人类所共有的。同时，由于生理因素、遗传因素和环境因素的不同，每个人的需要又呈现出独特性。不同的个体之间不仅是需要的内容不同，其满足需要的方式也存在着一定的差异。

民航企业不仅要为旅客提供舒适与安全的乘机环境，以满足所有旅客的共同需要，还要重视不同旅客的独特需要，进而为其提供有针对性的个性化服务。

问题窗

你目前的需要有哪些？请结合自身的需要解释需要的特征。

（三）需要层次理论

人的需要一直是心理学家们研究的对象，由此也产生了许多有关需要的理论。其中，美国心理学家亚伯拉罕·哈罗德·马斯洛（Abraham Harold Maslow，简称“马斯洛”）的需要层次理论影响较广，最具代表性。

马斯洛需要层次理论

马斯洛把人的各种需要归纳为五大类，即生理的需要、安全的需要、社交的需要、尊重的需要和自我实现的需要。这五种需要按照其产生的先后顺序，由低级至高级依次排列可呈金字塔形，如图 3-1 所示。

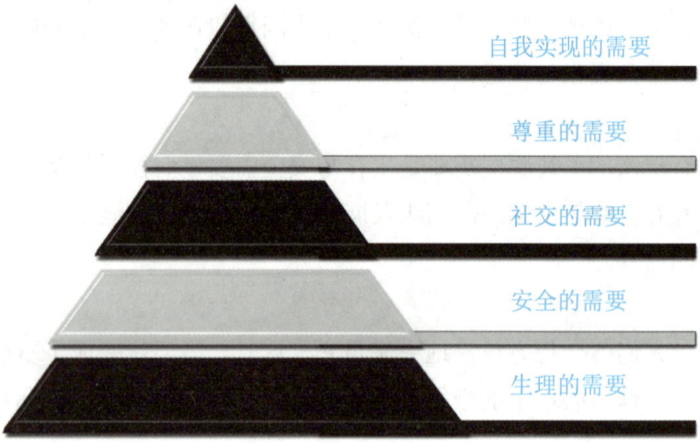

图 3-1　需要层次关系图

1. 生理的需要

生理的需要是人最基本的需要，是维持个体的生存与发展的基本需要，也是应当最先得到满足的需要，如人对食物、睡眠和住所等的需要。马斯洛认为，人的生理需要是最重要的，若这一需要没有得到满足，人就会无视其他需要或把其他需要搁置在一边。

2. 安全的需要

在生理的需要得到保障之后，人就会产生安全的需要。安全的需要包括生命财产的安全、职业安全、社会治安和福利保障等。如果安全的需要不能得到满足，人就会产生危机感与恐惧感，也不会有社交与尊重等更高层次的需要。

3. 社交的需要

社交的需要又称“爱与归属的需要”，其内容包括渴望自己有所归属，成为某一群体或阶层中的一员，希望与同伴或他人之间保持友谊或融洽的关系，渴望得到别人的关怀与支持，希望家庭生活美满与和谐，等等。这一层次的需要如果不能得到满足，人就会感到孤独与失落。当今，随着物质生活的日益丰富，人们更加重视精神生活，因此人们的社交需要也越来越迫切。

4. 尊重的需要

当社交的需要得到满足之后，人们就会产生尊重的需要。人们既希望受到尊重，也希望有自尊。例如，大多数人都希望有稳定与体面的工作，有着对个人声望与名誉等的欲望，希望有机会表现出自己的能力与才华，希望自身的价值能够得到社会的认可，等等。当尊重的需要得到满足之后，人就会对未来满怀信心。否则，人就会感到自卑与无望。

5. 自我实现的需要

自我实现的需要是人所追求的最高目标，是最大限度地开发自身的潜能，实现自己的理想与抱负的需要。值得注意的是，人的潜能各不相同，因而自我实现的需要也因人而异，不能简单地认为所有人的自我实现的价值都是一样的。

二、用需要层次理论解析旅客的需要

马斯洛的需要层次理论对研究人的需要与动机具有重要与普遍的意义，为民航服务人员认识与分析旅客的需要提供了重要的理论依据。

（一）旅客的生理需要

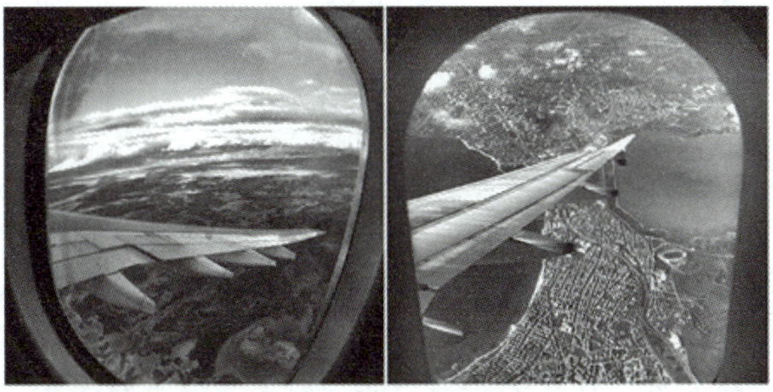

旅客的生理需要包括对座位、饮食和环境等方面的需要。旅客普遍希望飞机上的座椅舒适，餐食可口、味美，机舱内的环境幽雅、整洁等。其中，第一次乘坐飞机的旅客大多还希望自己的座位临窗，这样便可透过窗户饱览空中的景象。

满足旅客的生理需要是民航服务工作的基本要求，也是旅客对民航服务工作基本认可的指标。若民航企业能够在此基础之上提升服务标准，则会大大提高旅客的出行体验。

个案厅

厦航洲际航线推出“星级”餐谱

厦门航空有限公司（简称“厦航”）始终致力于为旅客提供“精、尊、细、美”的空中服务。由厦航与厦门康莱德酒店共同研发并推出的机上“星级”餐谱，可谓是厦航精心打造的“空中米其林”，为旅客带来了极致的云端美食体验！

本次研发的“星级”餐谱包含了中式与西式两个套餐，共计七道菜品，其食材之考究、烹调方式之新颖，令旅客唇齿留香、耳目一新。

例如，中式主菜“鸡汁金汤烩龙虾拼烤羊排”精选大西洋波士顿龙虾，并选用十余种香料混合腌制羊排，经大火烤制后的羊排外焦里嫩、香气浓郁；西式主菜“香煎牛柳配波特酒汁、圣女果和芦笋”，整体鲜美多汁、口感饱满，令人回味无穷。

（二）旅客的安全需要

对于出行来说，旅客最关心与重视的就是安全问题。虽然有数据表明，乘坐飞机是最安全的出行方式，但仍有旅客对此存在误解，进而在其乘坐飞机时，身心总是处于焦虑与紧张的状态。另外，由于飞机航行的特殊性，一旦有突发情况，旅客的生命便会受到较大的威胁。因此，天气的变化、起飞时间的调整和飞机发生机械故障等情况，也会使旅客的情绪有较大的波动。

安全需要是民航旅客的第一需要。民航服务人员在工作过程中应做好各个方面的安全检查，向旅客宣传安全知识，介绍机上的安全设备，最大限度地确保旅客在飞行中的安全。与此同时，民航企业也要提高安全意识，加大管理力度，加强对乘务员的安全知识培训，使他们更加全面地掌握相关的飞行知识，以便能够及时解答旅客的困惑，进而缓解旅客的紧张感，满足旅客的安全需要。

（三）旅客的社交需要

与一般人的社交需要一样，民航旅客也有着社会交往的需要。在搭乘飞机出行的过程中，旅客会希望得到他人的关心与支持，愿意与周围的旅客和民航服务人员建立友好的关系。民航服务人员也应与旅客建立起良好的关系，让旅客在友好的气氛中获得归属感。

（四）旅客的尊重需要

对于旅客来说，他们的尊重需要通常表现得比较明显，主要表现为希望服务人员尊重自己，希望自己提出的意见与建议能够得到认可。民航服务人员应理解并尊重旅客的这种需要，为其提供周到与细致的服务与人文关怀。例如，服务人员应耐心地听取旅客的意见与看法，即使他们有讲错或做错的地方，也不能讥笑与指责他们，而应采取谅解的态度来解决各种问题。

（五）旅客的自我实现需要

旅客的自我实现需要在某种程度上可以理解为是其追求自身价值的体现，期望享受到的服务与其自身价值的定位相符。要满足旅客的这种需要，民航服务人员应能提供一些有针对性的服务，甚至是量身定制的服务，“一刀切”的大众化服务模式是无法令所有旅客满意的。

个案厅

现代化的空中之旅

S-512 超音速喷气式商务飞机融合了一系列最新技术，其从伦敦飞往纽约只需三个小时。S-512 超音速喷气式商务飞机采用无窗设计，以巨型屏幕铺满整个客舱壁，并在机身安装摄像头，使旅客在机舱内就可以观赏机舱外的全部景色，并且视觉效果非常震撼，给旅客带来一场视觉盛宴，如图 3-2 所示。

图 3-2　S-512 超音速喷气式商务飞机机舱内的设计

问题窗

某航空公司计划推出名为“了解机组，安心乘机”的特色服务。你认为该航空公司为旅客提供这一项服务的出发点是什么？这一特色服务可能包含哪些内容？

三、旅客在出行过程中的需要

旅客的需要体现在其搭乘飞机出行中的各个环节，民航企业的各个部门只有通力合作，认真地对待每一项工作，才能最大化地满足旅客的所有需要。具体来说，旅客在出行过程中的需要主要体现在以下几个方面。

（一）旅客在购买机票时的需要

民航旅客在购买机票时的需要主要有以下两个方面的内容。

第一，有到达目的地的机票，即当前有符合其出行需要的机票，这关系到旅客能够顺利出行。

第二，有符合旅客个性需要的飞机票，即在有票的基础上，旅客可根据个人需要做进一步的选择，如购买票价有折扣、性价比高或航空公司声誉好的航班机票。

（二）旅客在候机时的需要

1. 旅客在值机处的需要

值机是指为旅客办理乘机手续，如换登机牌、收运旅客托运的行李和安排旅客的座位等。

旅客在值机处的需要主要有以下三个方面的内容：一是能够快捷地办理登机手续；二是选到满意的机舱座位；三是获取乘机的相关信息，如航班是否能够正常起飞、从哪个入口过安检等。

2. 旅客在候机室的需要

候机室的服务是民航旅客地面服务的最后一个环节。大多数旅客会在飞机起飞前两个小时左右进入候机室，由于等待的时间较长，所以旅客可能会产生更多个性化的需要。具体来说，旅客在候机时的需要主要有以下两个方面的内容：一是希望候机室有充足且舒适的座椅，以及饮水处、购物区、吸烟区、娱乐区和无线网络信号等；二是需要及时了解航班情况，如果航班出现延误或取消，希望有工作人员出面安抚旅客并合理处置。

头脑风暴

深受好评的头等舱旅客候机室

某头等舱旅客候机室环境温馨、静谧，深得旅客好评。该候机室的设计理念来源于植物的造型，休息区内部由通道分隔成不同的区域，通道的结构好似植物的分枝，彼此相连的路径与不规则形状的分区相互交织，在公共空间中较好地实现了私密性，如图 3-3 所示。

图 3-3　头等舱旅客候机室

问题：该头等舱旅客候机室满足了旅客的哪些需要？

（三）旅客在空中飞行时的需要

空中飞行是民航运输中最重要的一部分，在这一过程中，旅客的需要主要表现在以下几个方面。

1. 对安全的需要

飞机在空中飞行时，机上旅客对生命安全的需要比其他任何需要都重要，在这种需要的驱使下，旅客最害怕飞机遇到乱流等意外情况。此外，旅客随身携带的行李大都放在无锁的行李架上，任何人都能打开，因此，有些旅客也担心财产安全。

2. 对舒适的需要

相对于其他出行工具而言，飞机的票价较高，因此，旅客对于客舱的舒适度要求也较高，常会对客舱的温度、光线和座椅靠背的角度等提出各种要求，以使自己在乘坐时更加舒适。

3. 对尊重的需要

旅客对尊重的需要表现在其需要乘务员的关心与照顾时，能在第一时间得到回应。

问题窗

想一想，旅客在飞行中还可能会有哪些需要？

（四）旅客在领取行李时的需要

行李领取处的服务是整个民航服务工作的最后环节，这个环节的服务工作结束后，旅客就可以对民航服务做出总体评价，因此不可掉以轻心。旅客在领取行李时的需要主要表现在个人托运的物品完好无损与安全抵达等方面。旅客一旦发现行李丢失或有破损，会急需工作人员的帮助，希望能立刻帮其查找行李或给出解决的方案。

任务实施

街头采访：旅客对民航服务的需要

实施步骤

（1）全班学生分成若干小组，每组4～6人，并推选出小组长。

（2）组长组织小组成员在街头随机采访路人（不少于15人），询问他们对民航服务的需要。

（3）街头采访结束后，各小组汇总旅客对民航服务需要的内容，并提出满足这些需要的策略。

（4）各小组选派代表将本次活动的实施情况在课堂上进行汇报。

（5）教师对各小组的表现进行点评。

任务二 分析特殊旅客的需要

案例导入

从“心”出发，为旅客提供个性化服务

在一次飞行任务中，国航重庆分公司余洲璇乘务组执飞的航班因天气原因备降后再次延误。在长达五个多小时的等待时间里，余洲璇同组员们一直耐心地回答着旅客的疑问，时刻关注并适时调整客舱温度，积极、主动地为旅客提供所需的各种服务。当有一位首次乘机的老人提出要去卫生间时，余洲璇主动搀扶她来到后舱，耐心地为其讲解卫生间内灯光、门锁的使用方法，并同老人说：“我就守在这儿，如果您打不开门，就敲敲门板，我从外面帮您打开。”余洲璇与组员们用贴心周到的服务，缓解了旅客因航班延误而产生的焦躁情绪。

知识准备

一、病残旅客的需要

扫一扫

特殊旅客服务知识

病残旅客主要包括两类：一类是指身体有残疾的旅客，如手、肘部伤残的旅客，腿脚伤残的旅客，聋哑旅客和盲人旅客等；另一类是指旅行中突发疾病的旅客，如突发心脏病与癫痫病的旅客。

（一）盲人旅客的需要

盲人因缺少视觉感受而行动不便，故大多数盲人性格内向，不愿与他人交流。

民航服务人员面对盲人旅客时要主动进行自我介绍，热情协助他们上下飞机；旅客就座后，应帮助其安置随身携带的行李物品，为其系好安全带并讲解打开的方法；介绍紧急设备的方向、位置及使用方法，引领其触摸各种服务设施与设备的位置，并讲解使用方法。

（二）聋哑旅客的需要

聋哑人对复杂的环境感知得较少，且无法通过语言与外界建立联系。民航服务人员应多以书面的形式与聋哑旅客进行沟通；同时，由于大多数聋哑旅客会读口型，因此与其交谈时应面对他们，并放慢说话的速度，必要时可借助手势或符号来表达意思；每次广播后，应再次向其介绍广播内容。

个案厅

杨荃：平凡岗位，不凡奋斗

作为昆明航空有限公司（简称“昆航”）乘务长中的一员，杨荃每天都要面对络绎不绝的旅客，为旅客做安全提示、服务旅客、为旅客解决困难等，尽职尽责地做好一名乘务员的本职工作。

在一次昆明飞往西安的航班上，所有的旅客须按照规定填写风险信息登记表。当看到一名聋哑旅客不知所措的神情时，杨荃便立即上前为他详细讲解要求，同时将需要填写的内容与注意事项写在纸上，直到旅客明白该如何正确填写为止。

她说，面对不同的旅客，乘务员要掌握不同的服务要点，发挥语言艺术在服务中的神奇作用，以尽自己最大的力量，为旅客提供宾至如归的服务。

（三）行动不便旅客的需要

由于身体存在缺陷或处于病态，不能自行照料自己的旅途生活，需要他人的帮助与照料的旅客，称之为行动不便的旅客。这类旅客通常自尊心较强，一般不会主动要求服务人员来帮忙，且不愿意别人说他们是残疾人或把他们看成是残疾人。因此，民航服务人员要理解他们的心理需要与生理需要，并在服务的过程中悄悄地帮助他们，使他们感受到舒适与温暖。例如，一位下肢残疾的旅客在飞机上不吃也不喝，细心的乘务员发现后，及时与这位旅客进行沟通，得知其不吃不喝的原因是为了减少上洗手间的次数，怕给乘务员添麻烦。乘务员安慰他说：“没关系，我们不怕麻烦，您要上洗手间时，我们会帮助您的。”旅客这才放心地吃东西。

个案厅

悉心照料，主动服务

某次飞行任务中，在飞机上客前，深圳航空有限责任公司（简称“深航”）的李玲玲乘务组接到通知：有一个残障人士组成的代表团将乘坐该航班出行。乘务长接到通知后，立即安排残障旅客优先登机，并细心地为旅客调节好座椅，垫好软枕，盖好毛毯。在飞行过程中，乘务员也一直关注着这群特殊的旅客，细心洞察其需要，主动为其送上贴心的服务。此外，乘务长还提前与目的地保障部门沟通，当飞机到达时，托运的轮椅就已经送达舱门口。整个飞行过程中，这群特殊旅客的脸上都洋溢着满意的笑容，这是对乘务组用心服务的最大肯定。

（四）其他病患旅客的需要

1. 晕机旅客的需要

晕机症状因人而异，轻者表现为头晕、胸闷、脸色发红和全身稍有不适；重者则会出现浑身出冷汗、眩晕、恶心、呕吐不止等症状，令旅客难以忍受，痛苦不堪。遇到旅客晕机时，乘务员应扶其坐稳或安排其坐在机翼前缘附近的座位上。

头脑风暴

旅客晕机，乘务员温情陪伴、悉心照顾

在一次飞行中，一位 52 岁的男性旅客出现了呕吐、心慌等症状。乘务长纵鹏立即报告机长，并在客舱内紧急广播寻医求助。然而在两遍广播之后，仍然没有找到一位医生。

根据这位旅客的症状，纵鹏初步判断他可能是晕机了。“先生，我们扶您到前面宽松的座位上休息吧”，纵鹏决定把该旅客调换至头等舱。但这时，旅客突然剧烈呕吐起来。一时间，旅客的座椅上与脚下全是秽物。呕吐后，旅客的症状有所缓解，手脚也逐渐有了力气，可以缓慢行走。纵鹏与同事们小心地将旅客扶起并带到头等舱前排的空位休息，同时帮助他戴上氧气面罩，让他进行低流量（1～2 L/min）吸氧。15 分钟后，旅客的身体状况基本恢复正常。

出于安全考虑，机组通知地面工作人员在航班落地后进舱搀扶该旅客下飞机，并安排专车送其到达离港大厅。

问题：案例中的旅客有哪些需要？民航服务人员针对旅客的需要提供了哪些服务？

2. 突发疾病旅客的需要

对于突发疾病的旅客，最重要的是及时抢救，因此，乘务员要掌握一定的机上急救知识，根据旅客发病时的表现及亲属对病人情况的描述进行判断，从而尽最大努力抢救病人。

二、老年旅客的需要

老年旅客一般是指年龄在 70 岁以上的旅客。这类旅客年迈体弱，虽然并不一定有身体不适或行动不便，但其精力开始衰退，动作缓慢，应变能力较差，较其他旅客而言显然需要他人的关心与帮助。同时，老年旅客容易心生寂寞，产生孤独感。因此，民航服务人员为老年旅客服务时要更加细致，与他们讲话时速度要慢，声音要略大；应主动询问老年旅客需要什么帮助，以及时满足他们的需要，尽量消除他们的孤独感。

值得注意的是，由于东西方文化的差异，西方的老年旅客在身体状况良好的情况下，一般不喜欢别人给予特殊关照。因此，民航服务人员对这些老年旅客应留心观察，待其真正遇到困难的时候再提供及时的帮助，并尽可能地不让其感觉受到了特殊的关照。

个案厅

弘扬中华传统美德，提供真情服务

正值农历九月初九重阳节，为了弘扬中华民族尊老、敬老的传统美德，海航在广州白云国际机场开展了“九九重阳节，浓浓敬老情”重阳节主题活动，为老年旅客送上节日祝福，并全程提供温暖、贴心的关怀与服务。

在广州白云国际机场 M17-24 号值机柜台，海航广州分公司地面保障工作人员主动为老年旅客送上节日问候，引导老年旅客优先办理乘机手续，细心地为他们介绍候机楼环境，并用笔在登机牌上圈出安检口、登机口的位置信息，始终保持微笑，耐心地解答老年旅客提出的各种问题。

在“海翼轩”国内贵宾室内，工作人员专门为当天乘机的 70 岁及以上旅客准备了丰富的餐食与饮品。当老年旅客进入休息室后，值班经理首先代表休息室全体工作人员向他们送上节日祝福，随后送上重阳糕、长寿面、菊花枸杞茶和桂圆红枣茶等节日特色餐饮。航班登机时，服务人员安排了专属的“爱心电瓶车”将年长的旅客直接送达登机口。搭乘广州—太原航班的头等舱旅客王奶奶说道：“现在国家发展得好，老百姓的生活条件好了，作为老年人，我们需要的并不是钱，也不是礼物，而是一声深情的问候。谢谢你们为我送来了温暖与关怀，让我感受到了别样的温暖。”搭乘广州—北京航班的头等舱旅客李叔叔说道：“家家都有老，人人都会老。重阳节带给我们的不只是登高、赏菊和吃重阳糕，老年人更需要关爱、需要健康、需要快乐。谢谢海航今天带给我的感动。”

三、儿童旅客的需要

一般来说，儿童旅客性格活泼、天真幼稚、好奇心强、善于模仿、判断能力差、胆子大，做事不计后果。鉴于儿童旅客的这些特点，在服务过程中，乘务员应注意防止机上不安全事故的发生，尽量不要将儿童旅客安排在应急出口处，以防止其乱摸应急设备，并叮嘱家长照看好自己的孩子。对于无人陪伴的儿童，乘务组应指派专职人员负责照看，以防出现意外。

扫一扫

无陪儿童如何乘坐飞机

知识角

中国东方航空公司的无成人陪伴儿童服务要求

乘坐东航航班的无成人陪伴儿童，符合国际运输条件的，必须按照成人适用票价购买客票；符合国内运输条件的，按照成人正常票价的 50%购买客票。具体要求如下：

（1）无成人陪伴儿童必须由其父母或监护人代为办理乘机手续。

（2）无成人陪伴儿童联程（东航承运人）运输必须订妥并确认全程座位。

（3）无成人陪伴儿童到达目的地后，其迎候接机人未按时或耽误接机，由此产生的所有费用由本人承担。

（4）接受运输范围为五周岁（含）至十二周岁（含）以下的儿童。

四、孕妇旅客的需要

孕妇旅客行动不便，且高空飞行时空气中的氧气成分相对减少，因此孕妇极有可能出现头晕、恶心等症状，一些临近生产的孕妇更有可能意外早产，因此，乘务员遇到孕妇旅客时，应多加关照与细心服务。

具体来说，民航服务人员在登机时应主动帮助孕妇旅客提拿、安放随身携带的物品。上机后，乘务员应为孕妇旅客介绍客舱服务设备及使用方法。如遇到孕妇分娩，乘务员要参照紧急处理方案中的相关内容采取相应的措施，并在第一时间报告机长。

知识角

孕妇旅客乘机的条件

（1）怀孕 32 周或不足 32 周的孕妇乘机，除医生诊断不适宜乘机者外，可按一般旅客运输。

（2）怀孕超过 32 周的孕妇乘机，应提供包括下列内容的医生诊断证明：旅客姓名、年龄；怀孕时间；旅行的航程与日期；是否适宜乘机；在机上是否需要提供其他特殊照料等。

（3）怀孕超过 36 周，预产期在 4 周以内，或预产期不确定但已知为多胎分娩或预计有分娩并发症者的孕妇，不予接受运输。

五、初次乘机旅客的需要

初次乘机的旅客普遍对飞机上的设备与环境都十分陌生，容易带着好奇心去探索一切。为满足初次乘机旅客的新奇感，乘务员应主动为其介绍飞行的距离、时间和速度，介绍机舱内各个设备的使用方法与注意事项；对于缺乏乘机知识，动作慌乱、表情拘谨的旅客，乘务员要主动与耐心地为其讲解相关知识。此外，初次乘机的旅客大多易产生紧张心理，乘务员一方面要请他们放心，告诉他们航空运输是比较安全的；另一方面可亲切地与他们交谈，询问他们此行的目的等，进而分散他们的注意力，排解他们的紧张情绪。

六、重要旅客的需要

一般来说，重要旅客有着一定的身份与地位，自我意识强烈，自尊心强，希望得到尊重。与普通旅客相比，他们更加注重乘机环境的舒适与接受服务时心理上的感受。由于重要旅客乘坐飞机的机会比较多，他们会有意或无意地将机上的服务与自己以往的体验进行比较。因此，乘务员在提供服务时应落落大方、语言得体，并针对他们的心理需要提供相应的服务；在提供周到的物质服务的前提下，更应注重满足重要旅客精神上的需要，使其在整个行程中都能保持愉悦的心情。

知识角

重要旅客的类型

重要旅客可分为以下三类。

最重要旅客（VVIP，Very Very Important Person），包括党和国家领导人；外国国家元首、政府首脑、议会议长和副议长；联合国秘书长等。

一般重要旅客（VIP，Very Important Person），包括省、市、自治区负责人；公使、大使级外交使节；由各部、委以上单位或驻外使、领馆提出要求按重要旅客接待的客人。

工商企业界重要旅客（CIP，Commercially Important Person），包括工商业、经济界和金融界的重要且有影响的人士。

七、国际旅客的需要

随着我国对外开放程度的扩大与国际地位的不断提升，来我国工作、参观、旅游和考察的外国客人越来越多，民航服务中的外国旅客数量也在不断增多。由于旅客来自不同的国家，加之很多外国旅客不会说中文，在与他人的沟通上存在语言障碍，这就使得外国旅客在遇到困难或突发情况时，极易感到彷徨无助。

在民航服务过程中，服务人员首先要了解旅客的国籍与身份，以便安排符合他们需要的服务内容；其次，要尊重外国旅客本国的文化与行为习惯，这就要求服务人员在工作之余应通过多种渠道了解外国文化；再次，服务时最好能使用旅客的本国语言进行交流，且应态度和蔼与热情周到，不卑不亢地进行服务；最后，如果外国旅客由于语言障碍与地域陌生等原因需要特殊服务时，服务人员也应尽量满足。

任务实施

民航特色服务设计活动

主题一：“阳光客舱，伴你成长；共同关注，未来梦想”——特色主题服务。

主题二：“我是小小飞行家”——特色主题服务。

主题三：“致‘战疫’英雄”——感恩主题服务。

任务要求

请任选一个主题，说一说这一特色服务可能是针对哪一类旅客提供的，可能包含哪些内容。

华彩流光

《人文机场建设指南》推进多元化、高品质机场服务新供给

为全面推动“四型”（平安、绿色、智慧、人文）机场建设，民航局正式印发了指导全国民航单位推进机场建设的指导性文件——《人文机场建设指南》（以下简称《指南》），明确机场建设要紧扣“人文关怀”与“文化彰显”两条主线，围绕“功能规划、空间环境、服务行为、服务设施、服务产品、主题理念和文化表达”七个建设要点展开。

《指南》以《中国民航四型机场建设行动纲要（2020—2035年）》为依据，坚持以人为本的真情服务理念，在深入调研客户、用户和员工的需要与感受，研究多元化与高品质的机场服务新供给，总结国内外机场在规划设计、施工建设和运营管理中的人文理念与最佳实践的基础上，总结提炼而成。

《指南》中指出，推进人文机场建设一方面要坚持以人为本，践行真情服务，满足机场公共交通属性与基本功能需要，并以“人文关怀”与“文化彰显”为建设主线，致力于在机场全领域、全流程和全周期发展中持续提升客户、用户和员工的人文体验；另一方面，要以弘扬时代精神与行业文化为己任，努力打造具有鲜明主题与人文气息的乘机环境与工作环境，更好地满足人民对美好生活的需要，不断提升民航运输对民众出行的吸引力，推动民航高质量发展。

《指南》中明确，人文机场建设应围绕“功能规划、空间环境、服务行为、服务设施、服务产品、主题理念和文化表达”七个建设要点全面展开。具体而言，功能规划应坚持以人为本的设计理念；空间环境应以流程便捷顺畅为出发点，服务行为应凸显人文关怀，践行真情服务；服务设施应在参照行业与团体标准的基础上，考虑不同区域与使用人群的特点；服务产品应从共情体验出发，打造多层次的服务产品；主题理念可以因地制宜，明确文化主题，坚持品牌引领；文化表达应与机场功能、客户用户的流程诉求和特定场景等紧密结合。

（资料来源：人民网，
http://travel.people.com.cn/n1/2020/1104/c41570-31918785.html，有改动）

实践活动

民航旅客需要与服务情境模拟

活动概述

为了深入理解并掌握民航旅客的需要及服务要点，请学生根据本项目所学知识，自定主题，分组排演民航服务小品剧，然后在班级内进行表演，其他小组与教师认真观看并进行点评。

活动准备

1. 全班学生分成若干小组（3～5 人一组），各小组选出一名组长。
2. 组长组织各小组成员确定主题与分配角色，并将具体分工填写在表 3-1 中。

表 3-1　小组成员及分工情况

<table>
<tr><td>班级</td><td></td><td>组号</td><td colspan="2"></td><td>指导教师</td><td></td></tr>
<tr><td>小组成员</td><td>姓名</td><td>学号</td><td colspan="4">任务分工</td></tr>
<tr><td>组长</td><td></td><td></td><td colspan="4"></td></tr>
<tr><td rowspan="4">组员</td><td></td><td></td><td colspan="4"></td></tr>
<tr><td></td><td></td><td colspan="4"></td></tr>
<tr><td></td><td></td><td colspan="4"></td></tr>
<tr><td></td><td></td><td colspan="4"></td></tr>
</table>

活动过程

各小组根据表 3-2 所示的活动内容及活动要点实施活动。

表 3-2　活动实施要点

活动流程	活动内容及活动要点
编写剧本	各小组按照任务分工，讨论剧情并编写剧本
情境模拟	各小组根据剧本内容进行表演，并邀请其他小组进行点评
总结	总结情境表演收获。各小组成员根据自身在表演过程中对知识的运用、小组表现及教师的点评，总结实践活动的收获

活动评价

各组配合指导老师对活动的实施情况进行评价，并将评价的结果填写在表 3-3 所示的考核评价表中。

表 3-3　考核评价表

考核内容	评价标准	分值	评价分数		
			自评	互评	师评
知识与技能评价	（1）剧情完整，能体现需要层次理论在民航服务中的应用	10			
	（2）能够准确分析出旅客的需要	20			
	（3）能够根据旅客的需要进行有针对性的服务	20			
	（4）能从情境表演中吸取经验教训，提高自身的服务水平	10			
综合素养评价	（1）仪容仪表得体	10			
	（2）表演自然、表达流畅且逻辑清晰	10			
	（3）具备团队精神，能够积极与他人合作	10			
	（4）态度积极、认真参与实践活动	10			
合计		100			
总评	自评（25%）+互评（25%）+师评（50%）=	教师（签名）：			

综合测验

一、不定项选择题

1. 下列关于需要的说法中，正确的是（　　）。

A. 需要源于身体的某种缺失或不平衡

B. 人的一个需要满足后，就不会再产生新的需要

C. 需要是人类行为的动力源

D. 人们的需要有些是共同的，有些是不相同的

2. 人的（　　）需要如果不能得到满足，就会感到孤独与失落。

A. 安全　　　　B. 社交

C. 尊重　　　　D. 自我实现

3．旅客对社交的需要表现在（　　）。

A．选择大机型的飞机出行

B．希望得到他人的关心与支持

C．愿意与周围客人和民航服务人员建立友好的关系

D．希望自身的价值得到认可

二、填空题

1．____________________是人最基本的需要，是维持个体生存与发展的基本需要。

2．为____________________服务时要更加细致，讲话速度要慢，声音要略大，经常主动关心询问他们需要什么帮助等，洞悉并及时满足他们的需要，尽量消除他们的孤独感。

3．_________________的服务是整个民航旅客服务的最后环节，这个环节的工作结束后，旅客就可以对民航服务做出总体评价。

三、简答题

1．简述需要的特点。

2．根据马斯洛的需要层次理论，简要概括民航旅客的需要。

3．简述病残旅客的需要。

四、案例分析题

阅读下面的案例，回答问题。

北京大兴国际机场的隐藏“彩蛋”

众所周知，北京大兴国际机场不仅外部造型华丽，而且其内部设施的科技感也很强。除此之外，这里还有许多隐藏的“彩蛋”。

“彩蛋”一：完善的商业设施满足旅客多种休闲需求

从航站楼地下一层到五层，大兴国际机场共有近200家商户，“网红”餐饮店、奢侈品购物店、银行、快递站等一应俱全。此外，机场内还有书店与电影院，甚至在一层还设置了游泳馆与健身房。大兴国际机场如此完善、便捷的商业设施，让旅客仿佛置身于繁华的商业区，即使提前来机场候机，也不会感到无聊。

“彩蛋”二：高中低档餐饮齐全，总有一款适合你

航站楼各层的餐饮区涉及饮品、西式快餐、休闲餐、中餐和特色小吃等多种餐饮类型。其中还有不少知名品牌。例如，饮品方面引入了星巴克、喜茶、瑞幸咖啡、CoCo 和 Costa 等知名餐饮品牌；中餐方面引入了庆丰包子铺、西部马华和鸿毛饺子等知名餐饮品牌；西餐与甜点方面引入了麦当劳、肯德基、必胜客、南小馆、蓝蛙、好利来和满记甜品等知名品牌。旅客可根据自身的喜好随意选择。

此外，大兴国际机场所有的餐饮店均采取“同城同质同价”措施，以保证菜品的品质与价格。

“彩蛋”三：行李托运台“接地”，大箱包一推就上

在行李托运方面，大兴国际机场所有的行李托运台都与地面形成了约 30°的斜角，旅客只需将行李轻轻一推，即可将其放到托运履带上，省去了搬、抬行李的动作，尤其利于行动不便的旅客托运行李。

“彩蛋”四：“观景台”变“亲友送别台”

大兴国际机场的餐饮层处于航站楼的最上层。由于这里视野开阔，不仅可看到下层国际出发区的场景，还成为了供旅客放松身心的“观景台”。这个“观景台”被很多人称为“亲友送别台”，送行人员可在这里目送亲友过安检、办理登机手续等。

“彩蛋”五：坐飞机前逛逛中国式院子，感受传统文化

北京大兴国际机场采用了集中式多指廊构型，指廊属于候机区域，旅客通过安检，就能前往指廊上分布的登机口。指廊的末端设置了五座中式庭院，分别为中国园、丝园、茶园、瓷园和田园，其总建筑面积约 1 万平方米，在为旅客提供绿色活动空间的同时，也彰显了“丝绸之路”的内涵。

问题：案例中提到的“彩蛋”能够满足旅客的哪些需要？

项目学习总结与思考

学习要点与难点	
待（未）解决的问题	
拟解决的方法	
已解决的问题	
经验总结	
学习心得	
思想感悟	

项目四

平稳调控——察觉旅客情绪

项目导读

情绪是一种较为复杂的心理活动，从一定程度上决定了人会做出怎样的决策与行为。因此，民航服务人员应了解情绪的相关知识，正确认识旅客的情绪变化，掌握调控旅客情绪的方法，进而有助于自身顺利开展民航服务工作，从而使旅客有一个舒心的飞行体验。

学习任务清单

<table>
<tr><th rowspan="2">学习目标</th><th rowspan="2">学习内容</th><th colspan="2">目标是否达成</th><th rowspan="2">备注</th></tr>
<tr><th>达成</th><th>未达成</th></tr>
<tr><td rowspan="2">素质目标</td><td>培养积极的情绪与良好的意志品质</td><td>□</td><td>□</td><td></td></tr>
<tr><td>加强自身的礼仪修养，塑造良好的形象</td><td>□</td><td>□</td><td></td></tr>
<tr><td rowspan="5">知识目标</td><td>了解情绪的内容与分类</td><td>□</td><td>□</td><td></td></tr>
<tr><td>熟悉情绪的状态与表现形式</td><td>□</td><td>□</td><td></td></tr>
<tr><td>了解民航旅客的情绪表现</td><td>□</td><td>□</td><td></td></tr>
<tr><td>掌握影响旅客情绪的因素</td><td>□</td><td>□</td><td></td></tr>
<tr><td>掌握调控旅客不良情绪的方法和引导旅客产生积极情绪的策略</td><td>□</td><td>□</td><td></td></tr>
<tr><td>能力目标</td><td>学会分析旅客的情绪，并能化解旅客的不良情绪</td><td>□</td><td>□</td><td></td></tr>
</table>

任务一 分析旅客的情绪

案例导入

用真诚、贴心的服务缓解旅客的急躁情绪

在一次飞行任务中，国航西南客舱服务部的潘悦乘务组执飞的航班由于天气原因发生了延误。当时正值春运期间，长时间的延误让已经登机的旅客心急如焚。面对这一情况，潘悦带领组员们逐一安抚旅客。一杯杯热茶，一句句真诚的道歉，逐渐缓解了旅客们的急躁情绪。虽然此时乘务组的工作人员已经连续工作近 18 个小时，她们早已疲惫不堪、体力不支，但是，面对焦急的旅客们，她们并没有抱怨，仍然微笑着进行服务，最终完成了本次执飞任务。

国航乘务组全体工作人员在航班延误的情况下所表现出的高度责任感，以及任劳任怨的工作态度，无不体现出他们高尚的职业品质。他们以真诚与贴心的服务将旅客们的怨气转化为感动，充分体现了国航的服务理念。

知识准备

一、了解情绪

（一）情绪的含义

情绪是指个体对于客观事物是否符合其需要而产生的心理体验及相应的行为反应。

具体来说，个体在认识客观世界与开展各种活动的过程中，对于所接触到的事物总会产生一定的态度。如果该事物符合个体的需要，个体就会对它产生肯定的态度，从而引发满意、愉快和欢乐等心理体验；否则，个体就会对它产生否定的态度，从而引发愤怒、悲伤和忧愁等心理体验。

（二）情绪的两极性

情绪的两极性是指情绪在不同维度上（强度、正负性、紧张度和激动性等）的变化都具有两极对立的特性，如肯定的情绪与否定的情绪对立、积极的情绪与消极的情绪对立、紧张的情绪与轻松的情绪对立、激动的情绪与平静的情绪对立等。

（1）肯定的情绪与否定的情绪。一般而言，当需要得到满足时，人们会产生肯定的情绪，如满意、愉悦和兴奋等；反之，则会产生否定的情绪，如不满、烦闷和忧伤等。肯定的情绪与否定的情绪虽彼此对立，但两者在一定条件下可以相互转化，如乐极生悲与破涕为笑等。

（2）积极的情绪与消极的情绪。一般而言，和积极的态度相联系的情绪就是积极的情绪，如振奋与热情等；和消极的态度相联系的情绪就是消极的情绪，如萎靡与冷漠等。同一种情绪既可能具有积极的性质，也可能具有消极的性质。例如，悲哀既可能使人灰心丧气，也可能使人“化悲痛为力量”。

问题窗

肯定的情绪都是积极的，否定的情绪都是消极的。这句话对吗？为什么？

（3）轻松的情绪与紧张的情绪。这两种类型的情绪往往是在事件的紧要关头前后表现出来的。也就是说，在紧要关头前夕，人的情绪一般是紧张的；当紧要关头过去后，人的情绪一般是轻松的。

（4）激动的情绪与平静的情绪。激动的情绪是强烈的、短暂的和爆发式的，如激愤、狂怒和狂喜等；平静的情绪是平稳的与安静的，如镇静与淡定等。

（三）情绪的分类

情绪的分类并没有统一的标准，现代心理学通常把情绪分为快乐、愤怒、恐惧和悲哀四种基本类型。

1．快乐

快乐是指个体在其愿望或追求的目标实现后产生的情绪体验。快乐有强度的差异，从弱到强依次可分为愉快、兴奋和狂喜等，这种差异与愿望实现的难易程度、意外程度和个人所追求的目标对自身的意义等有关。

2．愤怒

愤怒是指个体由于受到干扰而无法实现愿望或目标时产生的情绪体验。愤怒也有强度的差异，其从弱到强依次可分为不满、生气、愠怒、气愤、激愤、大怒和暴怒等。当一般的愿望无法实现时，个体可能只会产生不满或生气的情绪；但当个体遇到重大的阻碍或恶意的破坏时，愤怒的情绪就会急剧爆发。例如，飞机延误会使旅客感到不满；若旅客多次与服务人员沟通无果，旅客的情绪会由气愤变为激愤。

3．恐惧

恐惧是指个体企图摆脱与躲避某种危险情境而又无能为力时产生的情绪体验。由该定义可知，恐惧的产生不仅仅是由于危险情境的存在，还与个体排除危险的能力与应对危险的方法有关。例如，当飞机遇到乱流或出现意外情况时，旅客就会产生恐惧情绪，若意外情况一时未解除，恐惧情绪就会愈演愈烈。

4．悲哀

悲哀是指由分离、丧失和失败引发的个体情绪体验。悲哀的程度取决于分离与丧失的对象或破灭的理想对自己的重要性与价值，其从弱到强依次可分为遗憾、失望、难过、悲伤和哀痛等。悲哀并不总是消极的，它在一定条件下可以转化为行动的力量。

旅客一般较少会出现悲哀的情绪，但若其突然接到令人伤心的消息，工作或感情上遇到挫折等，则会产生悲哀的情绪。面对这种情况，民航服务人员应婉转并适度地开导旅客，以免酿成悲剧。

上述四种情绪是人的基本情绪，多种基本情绪在不同维度上的组合可以衍生出许多更为复杂的情绪，如羞愧、悔恨、忧惧、厌烦、羡慕、嫉妒、怜悯和恼羞成怒等。

（四）情绪的状态

情绪的状态是指在特定的时间内，个体内在的情绪活动在强度、紧张度和持续时间上的综合表现。一般而言，情绪的状态可分为心境、激情和应激三种类型。

1．心境

心境是指个体平静而持久的情绪状态。心境就是平时所说的心情。心境不是个体对单一事物的特定体验，而是以同样的态度对待一切事物。当一个人心情愉悦时，他会喜笑颜开，看任何事物都是美好的；当一个人心情不佳时，他会神情沮丧，看任何事物都是有众多缺陷的。

心境的影响因素是多种多样的。在民航服务过程中，旅客自身的健康状况、思想观念和生活经历，旅客与民航服务人员之间的人际关系，民航服务质量与旅客心理预期的差异等，都会影响到旅客的心境。

例如，当旅客在机场大厅享受到超出其心理预期的服务时，便会产生一种美好与快乐的心境，进而产生积极的外部表现，如待人彬彬有礼，与人交谈兴致勃勃，走路步伐轻快，觉得民航服务人员提供的服务热情周到，也能够体谅与容忍服务人员在服务中出现的失误；当旅客享受到的服务与其心理预期差距较大时，便会产生不满与不顺心的感觉，进而心情不佳，容易小题大做。因此，民航企业应尽量为旅客提供超出其心理预期的服务，以使旅客保持愉悦的心境，从而提高旅客对民航企业的整体评价。

2．激情

激情是一种强烈的、爆发性的和短促的情绪状态。这种情绪状态通常是由对个体有重要意义的事件引起的。例如，获得成功之后的狂喜、惨遭失败后的绝望、亲人突然去逝引起的极度悲哀和突如其来的危险所带来的异常恐惧等，都属于激情状态。人处于激情状态时，一般会伴随着明显的生理反应与外部行为表现，如人在狂喜时会手舞足蹈，盛怒时会咬牙切齿，悲痛时会放声大哭等。

在民航服务过程中，旅客激情的产生通常是因为消极因素的出现。例如，当候餐的时间过长或服务人员的态度恶劣时，一些旅客可能会出现激情爆发的现象，表现为说话音量提高与拍桌子等。一旦旅客激情爆发，不仅影响民航企业对该旅客的服务，还会影响其他旅客正常接受服务。

3．应激

应激是指由出乎意料的紧急事件所引起的个体极度紧张的情绪状态。导致应激的刺激有物理性刺激、化学性刺激和社会性刺激等。但这些刺激通常不能直接引起应激反应，两者之间还存在着许多中介因素，如个体的健康情况、个性特点、生活经验、应对能力、认知评价和所持的信念等。这些因素起到了重要的调节作用。在刺激因素的影响下，人们会有两种不同的应激反应：① 积极的应激反应表现为急中生智与超水平发挥等，从而使个体顺利应对突发事件；② 消极的应激反应表现为惊慌失措与思维混乱等，导致个体无法对突发事件做出正确的判断，甚至造成惨重的后果。

在民航服务过程中，容易引起旅客产生应激反应的情况主要有飞机遇到气流、机舱内突现烟雾等。当遇到这些紧急状况时，态度积极的旅客会配合乘务员的工作，听从乘务员的安排；态度消极的旅客则不知所措或大喊大叫。此时，民航服务人员应及时安抚旅客，引导旅客采取相应的措施积极地应对突发状况，避免旅客产生消极的应激反应。

（五）情绪的表现形式

人的情绪在外界环境的刺激下会发生各种各样的变化，且通常与特定的面部表情和身体姿势等相伴，这些情绪的外部表现被称为表情。在人际交往中，表情的作用是巨大的，它可以帮助人们表达无法用言语来描述的心理状态与意识，是人们交流的重要手段。

扫一扫

情绪的表现形式

具体而言，表情主要包括面部表情、姿态表情和言语表情。

1．面部表情

面部表情是情绪表现的主要形式。额眉部、眼鼻部和口唇部这三个部分肌肉运动的不同组合，构成了不同的面部表情，表达着不同的情绪。

表 4-1 列出了几种常见的面部表情及其表达的情绪。

表 4-1 常见的面部表情及其表达的情绪

面部表情	表达的情绪	面部表情	表达的情绪
嘴角上翘、眼中带着笑意	快乐	眼睛睁大、上眼睑和眉毛上扬、嘴巴张大	惊讶
眉头紧皱、咬紧牙关	愤怒	眼神朝下、头低垂	羞愧
面部肌肉紧绷、眼睛睁大、瞳孔缩小	恐惧	眉毛下压、眼睛眯小、冷笑	厌恶
眉头稍皱、眼睑下垂	悲哀	表情僵硬、舔嘴唇	紧张

头脑风暴

图 4-1 展示了四种面部表情。想一想，这些面部表情分别表达了哪种情绪？

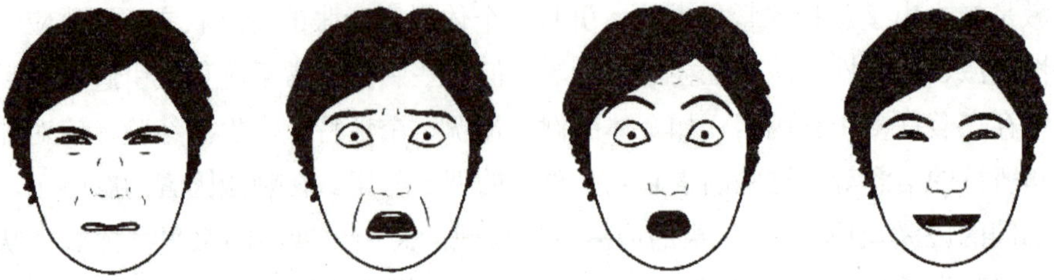

图 4-1　四种面部表情

2．姿态表情

姿态表情又称“动作表情”，是情绪在身体姿势与四肢动作方面的表现，其中以四肢动作为主。在不同的情绪状态下，人们的姿态表情往往不同。例如，人在欢乐时会手舞足蹈，在懊恼时会捶胸顿足，在悲哀时会肃立低头。因此，我们可以根据姿态表情识别人的情绪。

表 4-2 列出了几种常见的姿态表情及其表达的情绪。

表 4-2　常见的姿态表情及其表达的情绪

姿态表情	表达的情绪	姿态表情	表达的情绪
握拳、手指关节作响	愤怒	踱步	不慌不忙
双手摊开	无可奈何	侧耳倾听	感兴趣
膝盖晃动	不耐烦	抓耳挠腮	心神不宁
身体战栗	恐惧	皱鼻子、撇嘴	厌恶

民航服务人员为旅客提供服务时，一定要注意姿态表情的运用，即多使用一些具有积极意义的姿态表情，如点头、鞠躬和符合礼仪规范的手势等，以表达对旅客的尊重之情。

3．言语表情

言语表情是情绪在语速、语调和语气等方面的表现。例如，人在高兴时语速快、语调高，在悲哀时语速缓慢、语调低沉，在愤怒时语调高、语气严厉等。民航服务人员在与旅客沟通时，一定要采用适当的语速、语调和语气，以免让旅客产生误会。

二、民航旅客情绪的表现

（一）服务正常时的情绪表现

当民航服务正常时，旅客的情绪主要表现为平静与兴奋。

1. 平静

平静的情绪通常出现在经常乘坐飞机的旅客身上。他们熟悉民航服务，对整个服务流程有着一定的了解，因此在面对正常的服务时情绪就比较平静。

2. 兴奋

有的旅客由于对即将开启的旅行产生良好的期望而兴奋不已，尤其是第一次乘坐飞机的旅客与儿童旅客，他们不仅感到兴奋而且充满好奇，有时还会因为这种兴奋与好奇心给民航服务人员带来麻烦，如他们会不小心触摸了不该触摸的仪器或设备而导致飞机无法正常起飞。

个案厅

旅客因好奇打开救生衣被拘留

“在您的座椅下方，放有救生衣……”在武汉飞往重庆的飞机上，旅客小云正在认真地观看如何使用救生衣的教学视频。

这个视频勾起了她的好奇心。“这救生衣好使吗？假如遇到空难，救生衣会不会打不开？打开之后是什么样的？”小云脑海里出现了一连串的疑问。一番心理挣扎后，她按照视频中教授的方法，拉开了救生衣的把手，只听“嘭”的一声，救生衣两边的气囊被“顺利地”打开了。

这一声响可吓坏了周围的旅客，邻座的两位阿姨以为飞机出了事故，吓得相互抱在了一起，其他旅客也受到了惊吓，纷纷抓紧座椅把手。

“这位旅客，你怎么能随便打开救生衣呢？这是损坏机上设施！”乘务员闻声而来。

“我就是试试它好不好使，也没有弄坏啊！”小云丝毫没有意识到自己惹了祸。乘务员说，擅自打开救生衣是违法行为，小云这才慌了神。

原来，飞机上的救生衣属于机上一次性应急安全设备，只有在发生空中险情时，旅客才能在乘务员的指导下使用；否则，不仅会造成机上设备的损毁，还会在真正发生险情时给逃生与救援带来不便。

（二）服务不周时的情绪表现

当遇到服务不周时，旅客的情绪波动较大，通常会有以下几种情绪表现。

1. 激动

当民航服务没有达到旅客的预期时，旅客难免会情绪激动。在激动情绪的影响下，有的旅客会采取一些过激的行为，如损坏服务设施与辱骂服务人员等。

2. 焦虑

在发生航班延误与取消等意外情况时，由于旅客无法按既定的时间到达目的地，原有的计划也会因此被打乱，旅客便会焦虑不安。在这种情况下，如果旅客未能及时得到航班起飞的具体消息，则“飞机何时才能起飞”“还需要等待多长时间”等问题会时刻困扰着旅客，其情绪焦虑的程度也会随着航班延误时间的延长而逐步上升。

3. 愤怒

航班延误通常会令旅客对民航企业产生不满情绪，如果在这种情况下服务人员再对其闪烁其词或不理不睬，旅客的不满则会逐渐上升为愤怒，个别旅客会因过于情绪化而谩骂服务人员、破坏机场的设施与设备，以及带领其他旅客闹事，等等。

问题窗

想一想，当民航企业服务不周时，旅客还可能产生哪些情绪？

三、影响民航旅客情绪变化的因素

在民航服务过程中，旅客的情绪会受到多种因素的影响，民航服务人员只有了解这些影响因素，才能有效地缓和与调控旅客的情绪。

（一）环境因素

环境对人情绪的影响是不可忽视的。例如，拥挤的人群会使人感到烦躁，灰蒙蒙的天空会使人感到压抑等。

对于旅客来说，影响他们情绪的环境因素主要是服务环境。服务环境是指在整个民航服务的过程中，旅客可以看到、感受到的各种硬件环境，如机场的布局与装修设计，候机大厅的设备与设施，机舱内的温度、色彩和光线等。

（二）民航服务因素

在民航运输业竞争日益激烈的今天，服务不仅是民航企业生存与发展的基础，也是影响旅客情绪的重要因素。所以，民航服务人员必须关注工作中的细节，做到细心、细致、细微地为旅客服务，并将这种优质服务覆盖到旅客从购买机票到走出目的地机场的服务全流程中。同时，随着民航产业链的延长，除航空公司与机场之外，民航服务的范围还应涉及票务公司与代理商，以及交通、住宿、餐饮和娱乐等诸多环节，因此，打造优质的民航服务需要多方形成合力，如果整个民航服务流程中有一个环节不能良性运转，势必会影响旅客的情绪，进而影响旅客对整个服务质量的评价。

（三）旅客自身因素

1. 旅客的需要

民航服务的本质是要满足旅客的需要。当需要得到满足时，旅客就会产生积极的情绪，如满意、愉快、喜爱和赞叹等。相反，凡是旅客的需要未能得到满足或遇到阻碍，如遇到航班延误、托运的行李受损和餐食不新鲜等情况时，旅客就会产生负面情绪，如不满、急躁和愤怒等。

2. 旅客的认知评价

旅客的认知评价对其情绪有着重要的影响，旅客会从自己的角度对相同的情境做出不同的估计，因而产生的情绪体验也各不相同。例如，在遇到航班延误时间较长且航空公司未能给出合理的解释或相应的赔偿时，一部分旅客的情绪会较为平静，他们会选择听从航空公司的安排或换乘其他航班，因为他们认为继续与航空公司纠缠只会耽误时间，不如想办法尽早飞往目的地；而另一部分旅客的情绪会较为激动，他们认为自己有知情权并应获得赔偿，在相关部门给出解释与合理的安排之前，会拒绝登机。

需要注意的是，因旅客对事物认知评价的不同所产生的不同情绪表现均是合理的，民航服务人员需要根据旅客的不同情绪，细心地做好相应的服务工作，尤其是意外状况的善后工作。

个案厅

片面认知引起的风波

在某次飞行中，一位男士因新冠疫情防控要求未能成功办理升舱手续，于是自行坐在了最后一排座位上。当乘务员劝说其返回原位时，该旅客情绪激动地说："我想升舱也升不了，我现在不升舱，只是换个座位你们也不让，你们的服务太差了，你们穿隔离服不就是想离旅客远点吗？我也想坐到最后一排没人的位置保护我自己，为什么不行？"这时乘务长发现了后舱的骚动，待了解情况后，立即上前安抚该旅客的情绪。乘务长不仅将疫情时期旅客座位的分布要求及客舱工作标准向旅客做了专业的解释，还特别告知那位旅客，最后一排座位虽然没有安排旅客，但也并不是风险最小的座位。"我们乘务员穿上隔离服，不是为了远离旅客，而是保护离我们最近的人，包括我们身边的亲人与朋友。而在航班上，离我们最近的人，则是我们的旅客，我们希望减少每一位旅客被传染的风险……"听到乘务长真诚的解释后，这位情绪激动的旅客为自己对疫情防控的片面理解而感到抱歉，并表示非常愿意配合乘务组的工作，尽力做好疫情防控工作。

3. 旅客的归因方式

不同的归因（指人们对他人或自己的行为过程所进行的因果解释与推论）方式会引发旅客不同的情绪。例如，民航服务工作由于服务环节过多，往往会出现服务不周的情况。如果旅客将服务不周归因于外部不可控因素，如恶劣天气引起的航班延误导致大量旅客滞留，进而导致服务人员忙不过来，那么，旅客一般不会产生不满意与不愉快的情绪。相反，如果旅客认为服务不周是内部管理不善引发的，如机场安排的服务人员经验不足，旅客便易产生愤怒与激动等情绪。当旅客对民航服务的不周进行内部归因时，往往对民航服务的形象具有很大的破坏性，不仅会导致旅客回避民航企业提供的服务，而且会导致旅客采取一些强硬的方式谋求自身的利益。

4. 旅客的身体状况

身体健康与精力旺盛的旅客容易产生愉快的情绪；而过度疲劳与身体欠佳的旅客容易产生不良情绪。因此，民航服务人员应随时关注旅客的身心状态，进而为其提供恰当的服务，以使其保持积极愉悦的精神状态。

个案厅

旅客因害怕而发病，乘务组贴心照顾

一架飞往西安的飞机快要落地时，一名旅客突然出现呼吸急促、浑身发抖、大汗淋漓，手指蜷缩无法伸直并伴有剧烈呕吐的症状。该航班的乘务长庄雪丹与乘务员廖璨立即赶到旅客身边察看情况。据同行的旅客介绍说，发病旅客并无病史且平时身体状况良好，只是在害怕时偶尔会出现这种情况。

庄雪丹立即打开该旅客座位周边的所有空调通风口，引导该旅客调整呼吸的节奏，并为其按摩双臂。头等舱乘务员赵洪荟在报告机长后，及时送来了冰块、冰毛巾及温水。乘务员们不停地用冰块与冰毛巾擦拭该旅客的额头、颈部和耳后为其降温；同时，乘务长不断与其聊天，以缓解旅客的紧张情绪。

几分钟后，该旅客的情绪渐渐平复，但其依然颤抖不已，而且紧紧地拉着乘务长不放手。在飞机下降与着陆的过程中，该旅客还是惊恐不已、浑身战栗，乘务长就半跪在旅客身前，右手抱住旅客并不停地抚摸其后背，左手穿过其安全带尽量固定住自己。飞机着陆后，旅客的情况逐渐好转，并与同行的旅客对乘务组表示了由衷的感谢。目睹这一切的其他旅客也对乘务组的工作表示了莫大的肯定。

（四）他人情绪

情绪具有传染性，一个人的情绪容易受到他人情绪的影响。对于旅客来说，其他旅客与民航服务人员的情绪都可能对其自身的情绪产生影响。心理学中常说的“踢猫效应”（图 4-2），描述的就是典型的坏情绪传染现象。

图 4-2　“踢猫效应”

知识角

“踢猫效应”的由来

关于“踢猫效应”，有这样一个故事：

某公司的董事长为了提振公司员工的士气，自己以身作则，提前上班并推迟下班。有一次，他在家看报纸入了迷，导致耽误了上班的时间，随后，他因超速驾驶汽车被交警开了罚单，且最终还是迟到了。这位董事长极其愤怒，在到达办公室后，他将销售部经理叫到办公室训斥了一番。

销售部经理挨训之后，气急败坏地走出了董事长办公室，将销售主管叫到了自己的办公室，并对他挑剔了一番。销售主管无缘无故被上级挑剔，自然是一肚子气，就故意找某位电销员工的茬儿。电销员工垂头丧气地回到了家中，劈头盖脸地骂了他的妻子。妻子莫名其妙地被责怪了一顿，转身对着儿子大发雷霆。儿子无缘无故地被母亲痛斥了一番，心中郁闷回头狠狠地踢了家里的猫一脚……

任务实施

观看电影——《中国机长》

观看电影《中国机长》，然后与同学们分析、讨论机组与乘务员在安抚旅客的情绪时，运用到了本任务所学的哪些知识。

任务二 掌握调节旅客情绪的方法

案例导入

直播系统助力营造轻松的氛围

北京大兴国际机场利用航站楼值机大厅现有的四块航显屏幕与相关的视频系统，实现了播放机场实时画面的目的。旅客可通过大屏幕查看机场内各个区域的人流量，避免因人群聚集带来的焦躁情绪。在特殊天气情况下，旅客还可通过直播直观地了解大兴机场各个一线服务保障工作的开展及机场运行情况，从而缓解因航班延误而产生的焦虑情绪。据了解，大兴机场还将进一步优化直播系统，将视频直播服务应用在大兴机场航站楼的各个角落，并深化功能设计，加入相关信息提示等功能，努力为旅客提供更加优质的出行服务。

知识准备

一、调控旅客不良情绪的方法

旅客的不良情绪会对民航服务造成一定的干扰，因此，民航服务人员应掌握一些调控不良情绪的方法，使得旅客的消极情绪逐渐消失或转化为积极的情绪。具体来说，调控旅客不良情绪的方法主要有以下几种。

（一）注意力转移法

注意力转移法是指把旅客的注意力从产生消极否定情绪的活动或事物中转移到能产生积极肯定情绪的活动或事物上来的方法。当旅客表现出情绪不佳时，民航服务人员应引导旅客把注意力转移到其他有趣的事物上，以使其在新的事物中获得快乐。综合来说，注意力转移法一方面中止了旅客不良情绪的泛化与蔓延；另一方面，使旅客通过参与新的活动特别是旅客感兴趣的活动而达到增加其积极情绪体验的目的。

（二）替代法与补偿法

替代法是指个体在不能从特定的对象或以特定的方式来满足自己的欲望与表达自己的感情时，改用其他的事物或方式来使自己得到一种“替代的”满足或情感表达的心理调节方法。补偿法是指个体在某一方面的需要无法获得满足而产生挫折感时，会在其他方面寻求更多的满足，以使自己得到补偿的心理调节方法。

当旅客在民航服务中因需要未被满足而产生消极情绪时，服务人员应让旅客得到某种“替代的”需要满足或得到应有的补偿，从而使旅客的心理得到调节。例如，在航班延误时，有些航空公司会给旅客免费提供食品、饮料和上网卡等，或者协助旅客进行改签，让旅客得到补偿或替代服务，以缓和其不满情绪。

个案厅

以真诚、精细的服务打动旅客

某日，一架从长沙飞往西安的飞机因机械故障预计要从 7:45 延误至 10:45。在接到航班延误的消息后，机场的服务人员立即分头行动，及时向旅客解释情况并安抚他们的情绪。到了 11:00，机务人员通知因机械故障无法修复，该航班将继续延误。这时，本就焦躁的旅客们的情绪一下就激动起来，部分旅客要求航空公司给予经济补偿并声称要进行投诉。

在这种情况下，机场的服务人员仍尽心尽力地安抚旅客，并向旅客做好解释工作，还帮助身体不适的旅客请来了医生。同时，服务人员立即带领两位急需经西安中转至银川的旅客来到值机柜台与机场售票处，帮助他们办理改签手续并及时将这两位旅客送至登机口。

由于工作人员服务到位，考虑周全，这两位原本情绪激动的旅客不仅恢复了平静，而且连声道谢。临走时，旅客非常感动地说：“虽然你们公司的航班让我耽搁了几个小时，但你们的服务态度与敬业精神让我十分满意。”事后，旅客还专程打来电话表示感谢，相关的服务人员也因此受到了表扬。

（三）分析法

分析法是指分析旅客情绪变化的原因及得失利弊，以达到缓解其不良情绪的方法。例如，由于某种不可控制的原因导致旅客产生不愉快的情绪而且又无法弥补时，民航服务人员应将事情的原委讲清楚，分析事物的利弊及其与旅客的关系，进而缓解旅客的不良情绪，争取得到他们的理解与合作。

二、引导旅客产生积极情绪的策略

要想引导旅客在乘机过程中产生积极的情绪，就要保证顺利完成服务工作与满足旅客的需要，其中涉及候机大厅的环境、机舱内的环境、服务人员的情绪状态及其与旅客的沟通氛围等多个方面。具体来说，引导旅客产生积极情绪的策略主要包括以下几种。

（一）营造舒适的候机（乘机）环境

民航企业应在全面把握旅客心理需要的基础上，为他们创造舒适的候机（乘机）环境，从而促使其产生积极的情绪。例如，民航企业可在候机厅内播放轻柔的音乐，为旅客营造一种轻松的氛围，从而使旅客产生愉悦感；也可通过智能设备适时调整候机室内的光线、温度和湿度等，使楼内环境更为清爽宜人，从而使旅客拥有舒畅、快乐的好心情。

（二）保持良好的工作情绪

情绪具有感染性，积极的情绪可促成良性循环，消极的情绪则导致恶性循环。有的服务人员在和旅客沟通时，起初双方还能做到心平气和，一旦有一方出言不逊，另一方便会受到刺激，进而使情绪变得激动，最终因为双方情绪的相互影响而导致冲突爆发。因此，民航服务人员应本着从我做起的原则，主动用积极的情绪去感染旅客，促成良性循环；同时，应学会及时排解自己的不良情绪，切忌将其带到工作中，从而影响到旅客的情绪。

问题窗

你知道调节情绪的方法有哪些吗？你平时在学习与生活中是如何排解不良情绪的？

（三）营造良好的沟通氛围

良好的沟通氛围对旅客的情绪也有着重要影响。民航服务人员可以从以下几个方面营造良好的沟通氛围：① 加强自身的礼仪修养，在服务岗位上多注意语言礼仪与形象礼仪；② 说话做事要有分寸，适当运用幽默的语言来调节气氛；③ 使用平缓、诚恳、和蔼的语气平等地与旅客对话，不要高高在上，也不必卑躬屈膝，更不能开口就把旅客激怒；④ 从旅客的角度体会他们的情绪，用理解的态度建立起良好的沟通渠道。

（四）提供情感化服务

情感化服务是指从旅客的情感角度出发，为其提供真情服务。情感化服务有助于引导旅客产生积极的情绪，缓解与消除其不良情绪。民航服务人员可从以下几个方面入手，为顾客提供情感化服务：

（1）注重“真诚”二字，不要对旅客敬而远之，而要把旅客当作朋友和亲人，真诚地关怀旅客，善于发现旅客的需要，在适当的时机为旅客创造意外惊喜。

（2）突出“想旅客之所想，急旅客之所急”这一服务准则，时刻为旅客提供方便，帮助旅客解决各种问题。

（3）定期通过一些细节服务表达对旅客的情谊，如发送节日问候短信与赠送纪念品等。

个案厅

向程式化服务说“不”，真情服务旅客

正当山东航空股份有限公司（以下简称“山航”）由上海飞往青岛的飞机下降时，乘务员朱璇发现20排C座的一位女性旅客脸色苍白，虚弱地靠在座位上。得知情况后，乘务长陈曦第一时间来到这名旅客身边询问情况。就在陈曦询问之际，这名旅客突然发生晕厥，失去意识。她们随即将旅客放倒平躺，解开其外套的扣子，用枕头将旅客的脚垫高。整个乘务组有序分工，观察旅客，为其冷敷冰块，广播找医生，让旅客吸氧，向机长汇报情况，联系地面急救，大家都在有条不紊地忙碌着。

飞机落地后，山航地服部员工王修德与急救人员一起迅速将旅客送往医院进行救治，并全程陪同护理，协助医生与家属忙前忙后直至深夜。

事后，旅客家属给山航寄来了感谢信，信中写道：“山航的一系列处置措施给乘客及家属带来了温暖与感动。这是一种不是亲人胜似亲人的感觉。我谨代表我及我的家人感谢山航，山航造就了这样一支心系旅客、服务旅客的优秀团队。”

任务实施

共同探讨——民航服务中的情绪

活动目的

深入认识情绪在民航服务中的重要影响。

活动准备

1. 全班学生分成若干小组（2～4人一组），各组选出一名组长。

2. 组长组织各小组成员分工，搜集某个航空公司（各小组选择的航空公司不要重复）的有关情绪影响民航服务的案例。

活动过程

1. 案例分享与分析

每个小组精选两个案例在班级内进行分享。分享的形式可以是讲述、PPT演示或情境表演等。

在每一组案例分享结束后，下一个要分享的小组应从以下几个方面对上述案例进行

分析。

案例中的旅客产生了怎样的情绪？服务人员有着怎样的情绪？旅客与服务人员之间的情绪是否相互影响？这种影响对于旅客的出行是否有益？双方应该如何调控情绪？

2．讨论与反思

请同学们回答：给你留下最深印象的是哪一个小组的案例分享？各个小组的案例分析是否透彻、全面？你还有哪些补充？

华彩流光

大兴国际机场设计彰显“以服务旅客为中心”的核心思想

北京大兴国际机场在设计时秉持“以服务旅客为中心”的核心思想，运用了许多新理念、新方法和新技术，展现了兼具实用性、便捷性和艺术性的大国工匠智慧。

大兴国际机场的外层金属装饰屋面具备散热功能。在设计阶段，设计师模拟的外层屋面可为内层降温 4～5℃，而实际使用效果远好于预期，降温超过 10℃。

大兴国际机场航站楼地下共有六条轨道线路，高铁、城铁和地铁站台位于航站楼正下方，京霸铁路、廊涿城际、新机场线、R4 线和 S6 线从这里通过，为旅客选择轨道交通出行提供了便利。在设计阶段，设计团队根据首都机场旅客采用轨道交通的比例，预测会有 20%的旅客乘坐轨道交通。而一年来的运行数据显示，30%的旅客选择了轨道交通，占比位居全国机场之首。

对于许多常年出差的“空中飞人”来说，大兴国际机场丰富的商业服务是增加旅途舒适感的重要来源。大兴国际机场建造了我国首个双层出发高架桥的航站楼。国际出发的旅客走上层，国内出发的走上下层均可，且每一层都能同时满足旅客出发与到达的通行需要。出发与到达在同层的设计使得抵离旅客混流，让更多的旅客能够享受到机场内的商业服务。与此同时，由于大兴机场采用放射状构型与集中式布局，所以旅客能够在最短的时间内登机。

（资料来源：百度，https://baijiahao.baidu.com/s?id=1682047509901230922&wfr=spider&for=pc，有改动）

实践活动

情境模拟——有效安抚旅客的情绪

活动概述

为了深入了解并掌握民航旅客的情绪表现及服务要点，请学生根据本项目所学知识与给出的情境，分组排演民航服务小品剧，然后在班级内进行表演，其他小组与教师认真观看并进行点评。

活动准备

1. 全班学生分成若干小组（3～5 人一组），各小组选出一名组长。

2. 组长组织各小组成员根据下列情境（任选其一）分配角色，并将具体分工填写在表 4-3 中。

情境一：当太原飞往上海的航班降落后，航空公司收到一封旅客的投诉信，大致意思为，在飞机降落时旅客想要去洗手间，却被乘务员以不安全为由阻止，旅客认为乘务员在解释期间有不尊重她的意思。同时，该乘务员与其他乘务员一直在聊天说笑。旅客认为既然是以安全为原则，乘务员就应以身作则，否则怎么能谈得上安全。

情境二：在某航班上，一位旅客用完餐后向乘务员反映蔬菜有点不新鲜。乘务员小李看见旅客餐盒内的食物已全部吃完，小声说道："蔬菜不新鲜，你怎么也吃完了？"虽然声音很小，但还是被旅客听到了。旅客十分气愤，怒斥小李并要求她道歉。

表 4-3　小组成员及分工情况

班级		组号		指导教师	
小组成员	姓名	学号	任务分工		
组长					
组员					

活动过程

各小组根据表 4-4 所示的活动内容及活动要点实施活动。

表 4-4　活动实施要点

活动流程	活动内容及活动要点
编写剧本	各小组按照任务分工，根据所选的情境编写剧本
情境表演	各小组根据剧本内容进行表演，并邀请其他小组进行点评
总结	总结情境模拟活动收获。各小组成员根据自身在情境模拟过程中对知识的运用、小组表现及教师的评价，总结实践活动的收获

活动评价

各组配合指导老师对活动的实施情况进行评价，并将评价的结果填写在表 4-5 所示的考核评价表中。

表 4-5　考核评价表

考核内容	评价标准	分值	评价分数		
			自评	互评	师评
知识与技能评价	（1）剧情完整，能够快速有效地安抚旅客的不良情绪	20			
	（2）能够妥善处理旅客的不满	20			
	（3）能换位思考，“想旅客所想”	20			
	（4）表演自然、表达流畅且逻辑清晰	10			
综合素养评价	（1）仪容仪表得体	5			
	（2）具备团队精神，能够积极与他人合作	10			
	（3）能从情境表演中吸取经验教训，提高自己的服务技能	15			
合计		100			
总评	自评（25%）+互评（25%）+师评（50%）=	教师（签名）：			

综合测验

一、不定项选择题

1．（　　）不属于情绪的基本类型。

A．快乐　　B．愤怒

C．恐惧　　D．羞愧

2．“积极的心态像太阳，照到哪里，哪里亮；消极的心态像月亮，初一十五不一样。”这句话描述的情绪状态是（　　）。

A．心境　　B．激情

C．应激　　D．热情

3．“悲哀既可以是减力性的——使人灰心丧气；也可能是增力性的——使人化悲痛为力量。”这句话说明了情绪的（　　）。

A．肯定性、否定性　　B．积极性、消极性

C．激动与平静　　D．紧张性、轻松性

4．影响民航旅客情绪变化的因素有（　　）。

A．环境　　B．其他旅客

C．民航服务　　D．旅客自身

二、填空题

1．在民航服务正常的情况下，旅客的情绪主要表现为＿＿＿＿＿与＿＿＿＿＿。

2．“乐极生悲”“破涕为笑”体现的是＿＿＿＿＿与＿＿＿＿＿虽然彼此对立，但两者在一定条件下可以相互转化。

3．民航旅客的不良情绪大多都是＿＿＿＿＿＿＿＿＿＿＿＿＿引起的。

三、简答题

1．简述影响民航旅客情绪变化的因素。

2．简述调控旅客不良情绪的方法。

四、案例分析题

阅读下面的案例，回答问题。

航班延误，旅客大闹机场

因受流量管控、雷雨天气等因素的影响，沈阳桃仙国际机场出现大面积航班延误的现象。原计划由沈阳飞往杭州的某航班，因流量管控延误了五小时后取消，航空公司将

预乘该航班的 100 多名旅客安置到宾馆休息。次日上午，此批滞留旅客因流量管控一直滞留在登机口附近的休息处。最终，滞留旅客情绪失控，开始扰乱安检现场秩序，造成了多处安检通道堵塞，近百名排队等候安检的旅客受到了影响。现场民警对拒不听从警告、执意封堵安检通道和扰乱机场秩序的三名旅客采取了强制带离措施。随后，旅客们的情绪才逐渐稳定下来。

问题：（1）旅客产生不满情绪的原因是什么？

（2）为了避免此类事情再次发生，你认为航空公司应如何妥善处置？

项目学习总结与思考

学习要点与难点	
待（未）解决的问题	
拟解决的方法	
已解决的问题	
经验总结	
学习心得	
思想感悟	

项目五

投其所好——洞悉旅客个性

项目导读

个性是一种复杂的心理现象，每一位旅客都有着自己独特的个性。民航服务人员只有充分掌握旅客不同的个性心理特征及其表现，才能提供更有针对性的服务，从而才能真正做到使旅客满意。

学习任务清单

学习目标	学习内容	目标是否达成		备注
		达成	未达成	
素质目标	增强自身的责任感与使命感	□	□	
	树立正确的服务观念，增强服务意识	□	□	
知识目标	了解个性的概念与特征	□	□	
	明确气质的概念，掌握气质的类型与特征	□	□	
	了解性格的类型与判断性格的途径	□	□	
	了解能力的概念与类型	□	□	
	掌握针对不同气质、性格和能力的旅客的服务策略	□	□	
能力目标	能够分辨旅客的气质类型与性格类型，并为其提供精准的服务	□	□	

任务一　看清个性

案例导入

有趣的颜色与不同性格的旅客

王晨是某航空公司的一名乘务员，在工作中，她的世界就是小小的客舱，与旅客打交道早已成为她的必修课。在飞行过程中，王晨喜欢用不同的颜色代表不同性格的旅客。

一、红色性格的旅客

“闺女，这是我第一次坐飞机，你们一个个的真漂亮，还一直笑呵呵的。这袋子里装的是大娘老家的特产——大红枣，你一定要收下啊！”这位大妈热情、亲切的言语，就像火红的太阳照得人心里暖洋洋的。

在王晨眼里，这类红色性格的旅客热情、奔放、开朗。面对这类性格的旅客，乘务员应予以积极的回应，以使红色性格的旅客感受到家一般的温暖。

二、黄色性格的旅客

经历了 12 个小时的延误，飞机终于抵达目的地机场附近并缓缓下降。突然，一位曾经表示强烈不满的商务人士从座位上站了起来。王晨的心一下子又悬到了嗓子眼，生怕旅客提出新的要求。不料旅客却说：“姑娘，你们陪着我们一起延误了十多个小时，真是辛苦你们了。航班延误不是你们的错，但你们却承担了所有旅客的坏情绪，我决定代表所有旅客向你们表示感谢与敬意。”

王晨认为，这类黄色性格的旅客通常给人以强势感，相较于事件的发展过程，他们更为重视事件的结果。与这类性格的旅客沟通时，乘务员不能一味地与其讲道理，而是要多用心倾听他们的需求，了解其内心的真实想法，进而有针对性地提供服务。

三、绿色性格的旅客

飞行途中，一位旅客提出要看报纸。“先生，这份《环球时报》您看完了吗？如果看完了，我是否可以拿给前排那位先生浏览？”“好的，我看完了。没问题！”一位慈眉善目的先生连声表示同意。正值午餐时间，王晨又微笑着对这位和蔼的旅客说：“不好意思，先生，今天的猪肉米饭套餐都送完了，鱼肉面条也挺不错的，您看可以吗？”“没关系，什么都可以的。”真是一位善解人意的旅客，王晨心想。

王晨将这类性格的旅客定义为绿色性格的旅客，他们友善、为人厚道，总是宽容地对待周围的人和事。

…………

“五彩的颜色令世界变得美丽而精彩，形形色色的旅客让小小的客舱变得丰富且生动。我愿意用聪慧的头脑、明亮的双眼、真诚的语言、宽容的心态，去发现旅客更多的、真正的需求，成为他们飞行途中最亲密的人。”王晨开心地说。

知识准备

一、个性的含义与特征

个性也称“人格”，其原意是指戏剧演员在舞台上表演时所佩戴的假面具，后演变为演员扮演的不同性格的角色。心理学将其借用过来，用以表示一个人在人生舞台上扮演的不同角色及其表现出来的行为。

目前，心理学界对个性还没有一个公认的定义。在我国，许多学者倾向于把个性定义为：一个人在其生活与实践活动中经常表现出来的、比较稳定的、带有一定倾向性的心理特征的总和，是一个人区别于其他人的独特的精神面貌与行为特征。

个性的特征表现在以下三个方面。

（一）自然性与社会性

自然性体现在个性是以通过遗传所获得的先天素质为生理基础的，感官特征、智力潜能、身体状况和体貌特征等各种先天素质都会对个性的形成产生影响，但并不起决定性作用。

社会性体现在个性的形成离不开社会环境，人总是在各种社会实践中不断地调整自己的心态，修正自己的行为，进而逐步形成稳定的个性。影响个性的社会环境因素有很多，如家庭环境、文化环境和学校环境等，这些因素都是影响个性形成的决定性因素。

（二）稳定性与可塑性

个体偶然表现出来的心理特征不能被认为是该个体的个性，只有经常性的、一贯表现出来的和比较稳定的心理特征才是个体的个性。例如，有些性格内向与沉默寡言的人在喝酒后会变得兴奋、善谈，但这并不代表此人具有活泼、外向的性格。由此可见，个性具有稳定性。

可塑性体现在个体随着生活环境的变化与年龄的增长等，其个性会发生某些变化，并逐渐形成另一种个性。需要注意的是，个性的变化比较缓慢，无法在短时间内被察觉。

（三）独特性与共同性

不同的先天素质与后天环境造就了千差万别的个性，就像自然界没有两片完全相同的树叶一样，世界上也找不到两个个性一模一样的人。有的人性格温和，有的人性格粗犷，有的人性格开朗，有的人性格怯懦等，每个人的个性都是独特的。

共同性表现为某个群体在一定的社会环境与自然环境中形成的个性在某些方面具有一定的相似性。例如，北方人通常比较热情、豪爽，南方人则比较温和、细腻。

二、个性心理特征

个性心理特征是指个体表现出来的本质的、稳定的心理特点，包括气质、性格和能力等。其中，气质是指个体的心理活动与行为方式在程度、速度、稳定性和灵活性等动态特征上的综合表现；性格是指个体表现在对现实生活的态度及行为方式方面的稳定的个性心理特征；能力是指个体拥有的能使某种活动顺利完成，并直接影响活动效率的个性心理特征。

（一）气质

扫一扫

认识气质

人的气质差异是先天形成的，受神经系统活动过程的特性所制约。虽然每个人的气质各不相同，但气质本身并无好坏、善恶之分。

古希腊医师希波克拉底认为，人体内存在四种体液——血液、黏液、黄胆汁和黑胆汁。按照这四种体液在人体内所占比重的不同，气质可分为多血质、黏液质、胆汁质和抑郁质四种类型。

1．多血质

多血质类型的人思维敏捷、言语流畅、智商较高，易接受新生事物，情感丰富且多变，情绪往往外露。这一类型的人的优点是善于交际，适应能力强；缺点是做事思虑不周，常常有始无终，缺乏耐力，兴趣容易转移。多血质类型的代表人物是《红楼梦》中的王熙凤。

2．黏液质

黏液质类型的人沉着安静，动作迟缓，善于忍耐；情绪稳定，心境平和，不易激动，情感产生较慢且不强烈。这一类型的人的优点是自制力强，心态沉稳，胸怀宽广；缺点是思想刻板守旧，固执己见，缺乏灵活性。黏液质类型的代表人物是《西游记》中的唐僧与沙和尚。

扫一扫

关于气质类型的其他学说

3．胆汁质

胆汁质类型的人好冲动，言语、动作快捷而难于自制；反应迅速，行为果断；情绪一旦产生就会很强烈，且久久不能平静；态度明确，不拐弯抹角，不善掩饰，表里如一；有理想，有抱负，有独立的见解。这一类型的人的优点是精力充沛，热情果敢，积极进取；缺点是性情暴躁，粗心，缺乏自制力。胆汁质类型的代表人物是《三国演义》中的张飞。

4. 抑郁质

抑郁质类型的人沉默寡言，动作迟缓；情感产生缓慢且不易外显，但深刻、细腻；敏感多疑，善于察觉他人不易察觉的细节。这一类型的人的优点是想象力丰富，观察能力强；缺点是性格孤僻，好猜疑，心态常为悲观状。抑郁质类型的代表人物是《红楼梦》中的林黛玉。

需要注意的是，上述四种气质类型虽然具有一定的代表性，但实际上，人的气质表现往往是复杂多样的。很少有人表现出单一类型的气质，大多数人是以某种气质为主，同时也具有其他气质类型的某些特征。

（二）性格

1. 性格的类型

性格在一个人的个性中具有核心意义，人的个性差异首先表现在性格上。

表 5-1 列出了性格类型的划分依据、具体类型及相应的表现。

表 5 1　性格的类型

划分依据	具体类型	表现
心理过程的特征	理智型	沉着、冷静，善于思考，以理智支配与控制自身的行为，严于律己，人生态度积极向上
	情绪型	行为举止易受情绪支配，多愁善感；喜欢幻想，感情脆弱或性情暴躁，缺乏自制力，遇事容易惊慌失措
	意志型	目标明确，自制力强，行为主动，上进心强，遇事沉着冷静
独立程度	独立型	具有坚定的个人信念，善于独立思考，能够独立地发现、分析和解决问题，自信心强，不易受其他因素的干扰，人生态度积极向上
	顺从型	缺乏个人主见，易被他人的意见所左右，常常不经思考就接受他人的观点或屈从于他人的权势，缺乏自制力
心理活动的倾向性	外向型	活泼开朗，善于交际，情绪外露，易适应环境
	内向型	处世谨慎，不善交际，易害羞，反应迟钝，较难适应环境

在日常生活中，单纯属于某种典型性格类型的人是极少的，多数人是以一种性格类型为主，兼有其他性格类型的某些特征。

2. 判断性格的途径

（1）通过外貌判断性格

人的性格与外貌有着一定的联系，观察人的外貌是判断其性格的一种途径。人的外貌包括相貌、身材、表情、发型和衣着打扮等。例如，体格强壮、精力充沛的人通常有冒险精神；肥胖的人通常比较乐观，注重享受。

人的性格特征还可以通过其表情表现出来。例如，情绪型的人面部表情丰富，意志型的人则往往比较严肃；正直坦率的人目光平正，而目光游移躲闪的人往往心术不正。

此外，服饰也可以在一定程度上表现出人的性格。例如，活泼开朗的人喜欢色调明亮的服饰，沉静内向的人一般喜欢色调暗淡的服饰。

（2）通过言语判断性格

通过人的说话方式与语言风格，可以了解其为人处世的态度及行为特点。例如，性格外向的人比较健谈，内向的人往往不苟言笑；性格刚直的人说话比较坦率，言语直爽，而城府较深的人说话常转弯抹角、含糊不清。

扫一扫

你的性格属于哪一类型

（3）通过行为判断性格

性格还会通过人的行为活动表现出来，因此，观察人的行为活动也是判断其性格的重要途径。例如，走路挺胸腆肚，一副居高临下姿态的人性格傲慢；行走常躬身低首、微缩双肩，力求不引人注目的人性格拘谨；行为不拘小节，爱用手势来配合话语的人性格活泼，等等。

头脑风暴

女子因拒戴口罩遭调查

在三亚飞往深圳的某航班上，旅客张某没有按照疫情防控要求佩戴口罩，虽然乘务员多次提醒其佩戴好口罩，但张某均拒绝佩戴，并大声指责乘务员管得太多。深圳机场警方接到报警后立即介入调查。

问题：旅客张某的性格属于哪一类型？

知识角

气质与性格的关系

一、区别

气质是神经活动特征的心理表现，更多地受先天遗传因素的制约。性格是在实践中形成的心理特征，更多地受社会环境的制约。

二、联系

（1）气质可以渲染性格，使性格具有独特的色彩。例如，同是勤劳的性格，多血质类型的人表现为精神饱满，黏液质类型的人表现为认真细心。

（2）气质影响性格的形成与发展。当某种气质与性格相适应时，就会促进性格的形成与发展；否则，就会阻碍性格的形成与发展。例如，胆汁质类型的人容易形成勇敢、果断、主动的性格，而黏液质类型的人通常难以形成这些性格。

（3）性格对气质有着重要的调节作用。性格在一定程度上可掩盖或改变气质的某些特征，使个体能够更好地适应特定的环境。例如，严格的军事训练可使飞行员形成冷静沉着、机智勇敢的性格，这种性格可在一定程度上改变胆汁质类型的人易冲动、急躁的行为特征。

问题窗

想一想，你身边的同学、老师或家人中，有没有上述性格类型的代表？请从中选择1～2位，说一说你是从哪些具体事例中判断出他属于该性格类型的。

（三）能力

能力是个体的综合素质，是个体掌握与运用知识与技能的心理特征。能力总是和人的实践活动相联系。离开了具体实践，人的能力既不能得到表现，也不能得到发展。能力可按照其倾向性与功能的不同划分类别。

1．按照能力的倾向性划分

按照能力倾向性的不同，能力可分为一般能力与特殊能力。

一般能力是指个体完成不同种类的活动时需要的能力，如观察力、记忆力、思维力、想象力和注意力等。这些基本能力在人们的智力结构中发挥着各自的作用，并且相互联系，相互渗透。如果其中一种能力偏低，就可能会影响其他能力的发挥，甚至影响人的整个智力水平。

特殊能力是指个体顺利完成某些特殊活动所必须具备的能力，如鉴赏力、定向力（对周围环境与自身状态的观察与识别能力）、创造力、逻辑判断能力和组织领导能力等。特殊能力的有机结合称为专业才能。它是人们顺利地从事专业活动或特殊职业所必不可少的能力。

知识角

一般能力与特殊能力的关系

在实践活动中，人的一般能力与特殊能力是有机地联系在一起的。一般能力往往寓于特殊能力之中，再通过特殊能力表现出来，而特殊能力是某种一般能力的具体化与特殊化。因此，一般能力越是发展，就越为特殊能力的发展创造有利的条件；而特殊能力的发展也会促进一般能力的发展。

2．按照能力的功能划分

按照能力功能的不同，能力可分为认知能力、活动能力和创造能力。

认知能力是指个体认识客观事物、运用知识解决实际问题的能力，如观察力、注意力、思维力和记忆力等。

活动能力是指个体完成某种活动的能力，主要包括组织能力、适应能力和操作能力等。

创造能力是指个体从事专门的活动时所具备的能力，如文学家的创作能力、画家的绘画能力和音乐家的演奏能力等。

三、个性倾向性

个性倾向性是指个体所具有的意识倾向及其对客观事物的稳定态度，包括需要、动机、兴趣、理想、信念和世界观等。其中，需要与动机是推动个性形成与发展的动力，兴趣、理想、信念和世界观等是需要与动机的表现形式。它们之间相互联系、相互影响，构成了决定个体发展方向的潜在力量。

总而言之，个性心理特征主要强调个体的心理差异性，是个性结构中比较稳定的因素；个性倾向性则主要强调个性的动力与源泉，是个性结构中比较活跃的因素。二者交织在一起，构成了人与人之间千差万别的个性。

任务实施

心理测试：你是哪种气质类型的人

下面是有关气质的 60 道问答题，请根据你的实际情况与真实想法作答。每道题设有五个选项：

A. 很符合　　B. 比较符合　　C. 介于中间　　D. 不太符合　　E. 很不符合

测试题目

1. 做事力求稳妥，一般不做无把握的事。
2. 遇到生气的事就怒不可遏，必须把心里话全部说出来才痛快。
3. 宁可一个人做事，也不愿意与很多人共事。
4. 很快就能适应一个新环境。
5. 厌恶那些强烈的刺激，如尖叫声、噪声和危险镜头等。
6. 与人争吵时，总是先发制人，喜欢挑衅。
7. 喜欢安静的环境。
8. 善于与人交往。

9. 羡慕那种善于克制自己情感的人。
10. 生活有规律，很少违反作息制度。
11. 在大多数情况下，情绪是乐观的。
12. 遇到陌生人时，会觉得不自在与拘束。
13. 遇到令人气愤的事情时，能够较好地控制自己的情绪。
14. 做事总是有旺盛的精力。
15. 遇到问题时，常常举棋不定，优柔寡断。
16. 在人群中从不觉得拘束。
17. 情绪高昂时觉得做什么都是有趣的；情绪低落时觉得做什么都没意思。
18. 当注意力集中于某一事物时，别的事物就很难让自己分心。
19. 理解问题总是比别人快。
20. 遇到危险的情况时，常有一种极度恐惧感。
21. 对学习抱有极大的热情。
22. 能够长时间做枯燥且单调的工作。
23. 对感兴趣的事情干劲十足；反之，则没有动力，不想做。
24. 一丁点小事就会引起情绪波动。
25. 讨厌做需要耐心与细心的工作。
26. 与人交往不卑不亢。
27. 喜欢参加热闹的活动。
28. 喜欢阅读情感细腻、描写人物内心活动的文学作品。
29. 当工作与学习的时间较长时，常感到厌倦。
30. 不喜欢长时间讨论一个问题，喜欢直接动手操作。
31. 宁愿侃侃而谈，也不愿窃窃私语。
32. 别人说我总是闷闷不乐的。
33. 理解问题常比他人慢一些。
34. 疲倦时只要经过短暂的休息就可恢复精神，重新投入工作。
35. 心里有事时，宁愿放在心里，也不愿说出来。
36. 认准一个目标后就希望能够尽快实现，不达目的，誓不罢休。
37. 以与他人相同的时间学习后，总是比别人更疲倦。
38. 做事有些莽撞，常不考虑后果。
39. 老师讲授新知识与新技术时，总希望他讲得慢一些，并希望能够多重复几遍。
40. 能够很快忘记不愉快的事情。
41. 做作业总是比别人花的时间多。
42. 喜欢参加各种娱乐活动。

43. 不能很快地把注意力从一件事情上转移到另一件事情上去。
44. 收到一项新任务后，往往希望能够迅速完成。
45. 认为墨守成规好过冒风险。
46. 能够同时注意多件事情。
47. 当心情烦闷的时候，不愿意与任何人说话。
48. 喜欢阅读情节跌宕起伏、激动人心的小说。
49. 对工作认真严谨，具有始终如一的态度。
50. 总是处理不好与周围同学的关系。
51. 喜欢复习学过的知识，重复检查已经完成的工作。
52. 希望从事变化大、花样多的工作。
53. 记性比常人好。
54. 他人说我“出语伤人”，可我并不这样认为。
55. 在体育活动中，常因反应慢而落后。
56. 反应敏捷，头脑机智灵活。
57. 喜欢有条理而不麻烦的工作。
58. 遇到兴奋的事情时，久久不能入睡。
59. 在老师讲新的概念时，一开始总是听不懂，但是弄懂以后就很难忘记。
60. 如果看到枯燥无味的知识，情绪就会立马低落。

测评方法

选 A 得 2 分；选 B 得 1 分；选 C 得 0 分；选 D 得–1 分；选 E 得–2 分。将每题的得分填入表 5-2 相应题号的“得分”栏内，然后对其求和，即可计算出每种气质类型的总分数。

表 5-2　气质类型测评表

胆汁质	题号	2	6	9	14	17	21	27	31	36	38	42	48	50	54	58	总分
	得分																
多血质	题号	4	8	11	16	19	23	25	29	34	40	44	46	52	56	60	总分
	得分																
黏液质	题号	1	7	10	13	18	22	26	30	33	39	43	45	49	55	57	总分
	得分																
抑郁质	题号	3	5	12	15	20	24	28	32	35	37	41	47	51	53	59	总分
	得分																

测评分析

如果某种气质类型的得分明显高于其他三种，且均高出 4 分以上，则可判定个体为该气质类型。此外，如果某种气质类型的得分超过 20 分，则为典型气质类型；如果某种气质类型的得分在 10～20 分之间，则为一般气质类型。

如果其中两种气质类型的得分接近，且其分差小于 3 分，同时又明显高于其他两种气质类型 4 分以上，则可判定个体为这两种气质类型的混合型。

如果其中三种气质类型的得分均高于第四种，而且得分接近，则可判定个体为这三种气质类型的混合型。

任务二　把握旅客的个性与对应的服务策略

案例导入

“Hold 住”情绪，继续服务

“啪”，突如其来的响声，让值机大厅里的所有人都看向了一个方位，竟然是一位旅客将护照扔在了一位服务人员的脸上发出的响声！这个响声让原本因飞机延误而嘈杂不已的值机大厅立刻安静了下来，许多旅客都暗自揣测这个柔弱的女孩会做何反应。

在众人的凝视下，这位服务人员俯下身将护照捡起来，微笑着问：“先生，请问有什么可以帮助您的吗？”面对旅客的冲动与失礼，她却报之以专业与友善。

无声的赞叹在每位旅客的心里响起，大家纷纷向这位服务人员投去赞许的目光。原本怨声载道的现场，也渐渐地恢复了良好的秩序，好像飞机延误没有发生过一样。而这位冲动的旅客最终也满脸愧意地向这位服务人员致歉：“小姑娘，对不起，刚才我太着急了，实在不该这么做，你的服务从头到尾都非常好，是我的脾气不好。”

事后，这位服务人员说道：“作为一名员工，我要时刻记住自己代表的是航空公司；面对旅客的冲动行为必须要冷静，这一刻我‘hold 住’的不只是个人的情绪，而是整个战场。”

知识准备

一、针对不同气质旅客的服务策略

（一）多血质旅客的服务策略

多血质旅客在接受民航服务时，常见的行为表现有：① 喜欢主动与民航服务人员或其他旅客攀谈；② 性情开朗，喜欢说笑；③ 对周围的各种事物都感兴趣，爱发问，喜欢发表评价；④ 情绪外露，容易被感动。

民航服务人员在接待这类旅客时，应做到以下几点：① 诚恳对待旅客的热情，礼貌回答旅客的提问，切忌冷落他们；② 积极向旅客介绍新奇的服务项目，满足他们的好奇心。

（二）黏液质旅客的服务策略

黏液质旅客在接受民航服务时，常见的行为表现有：① 很少与民航服务人员或其他旅客交谈，常给人难以接近的感觉；② 性格内敛，喜欢独处，不喜欢他人过分热情；③ 不轻易评价民航企业的服务质量，一般也不征求他人的意见，易固执己见；④ 喜欢选择口碑良好的航空公司或熟悉的航空公司，喜欢熟悉的餐食，对新奇的服务项目不感兴趣；⑤ 对待事情十分谨慎，下决定前会考虑良久。

民航服务人员在接待这类旅客时，应做到以下几点：① 严格按照服务的流程进行，适当关心旅客，切勿过度打扰，在服务中应注意细节；② 切忌催促旅客做决定，也不要轻易向他们提建议，让他们在深思熟虑后再做决定。

（三）胆汁质旅客的服务策略

胆汁质旅客在接受民航服务时，常见的行为表现有：① 对民航服务人员与其他旅客比较热情，说话直截了当；② 喜欢与人争论，且力求获胜；③ 容易发怒；④ 喜欢挑毛病，常会对候机大厅的环境、机舱内座椅的舒适度和机上餐食的口味等提意见；⑤ 健忘，较粗心，常丢失小物品。

民航服务人员在接待这类旅客时，应做到以下几点：① 语言简洁明了，动作敏捷，提供高效率且贴心的服务；② 避免在言语与态度方面激怒旅客；③ 在旅客离开时，提醒其不要遗忘物品。

头脑风暴

旅客一时冲动，砸坏机场登机口玻璃门

受武汉大雪天气影响，西部航空有限责任公司由温州直飞重庆的航班一直未请旅客登机。旅客张某此时情绪非常激动，只见他拿起登机口旁边的不锈钢护栏径直砸向了登机口的玻璃门。瞬间，玻璃碎了一地，也吓坏了其他旅客。事件发生后，机场民警立即赶赴现场处置并维持秩序。

问题：案例中的旅客属于哪种气质类型？具有哪些典型特征？遇到这种气质类型的旅客时，民航服务人员应如何为其服务？

（四）抑郁质旅客的服务策略

抑郁质旅客在接受民航服务时，常见的行为表现有：① 说话语速慢；② 情感很少外露，不愿意与民航服务人员或其他旅客打交道；③ 爱幻想与猜疑，对他人的言语和表情比较敏感；④ 观察仔细，善于发现环境中的细微变化；⑤ 对价格的变动比较敏感；⑥ 犹豫不决，风险意识强。

民航服务人员在接待这类旅客时，应做到以下几点：① 态度温和，言语谨慎，注意细节，但也不要过度关注他们，以免使旅客不自在；② 服务中要表现出对他们的尊重，以免引起他们的误会或猜忌；③ 遇事多与旅客商量，向其讲清楚事情的缘由。

头脑风暴

委婉劝说旅客关闭手机

飞机快要起飞了，头等舱乘务员魏薇向乘务长莫慧群反映说，头等舱有一位旅客情绪不太好，要求提供餐食。由于此次 50 分钟的短途航线是不提供餐食服务的，因此，魏薇只好向旅客表示抱歉，但旅客非常不满意。

飞机开始滑行了，一位头等舱旅客还在打电话，并且不停地向对方发火。看到这一幕，莫慧群头脑中立刻回想起乘务员魏薇提到的那位情绪不佳的头等舱旅客，想必就是他了。莫慧群走上前去，面带微笑，微微躬身靠近这位旅客，柔声说道：“先生，别生气了，您把大家惊着了，飞机马上就要起飞了，先把手机关上吧！”随后，旅客挂断了电话并关闭了手机。

莫慧群这一句委婉的劝说，首先是劝说旅客不要生气，安抚了他不愉快的心情，

其次是让旅客意识到他的行为已经影响到了其他旅客，最后才提出要求——关闭手机。莫慧群的这种层层推进式的劝说，给旅客搭建了一个平缓的“坡度”供其平复情绪，并且整个劝说过程非常有亲和力，不会使旅客尴尬。

问题：案例中的旅客属于哪种气质类型？乘务长莫慧群具有哪些能力？

二、针对不同性格旅客的服务策略

要在短短数小时之内将旅客的脾气、秉性、爱好和需求了解清楚，并不是一件容易的事情。因此，民航服务人员要尽可能多地了解不同国家与地区的人文特色与风俗习惯，这样可以先对旅客的性格进行地域划分，再根据对旅客的语言表情与行为举止等的观察结果来判定旅客的性格特征，从而针对其性格特征为其提供个性化的服务。

（一）理智型、情绪型和意志型旅客的服务策略

1．理智型旅客

理智型旅客在接受民航服务时，常见的行为表现有：① 独立、理智，不会轻易接受民航服务人员推荐的服务项目，喜欢根据自己的实际需要与购买经验做出选择，冷静而慎重；② 一般能够接受服务人员的工作失误，理解服务人员的难处。

民航服务人员在接待这类旅客时，应做到以下几点：① 在推荐服务项目时应为旅客进行详细的介绍，并尊重旅客的决定；② 提供的服务项目发生变动时，应主动与旅客商量，积极听取旅客的建议。

2．情绪型旅客

情绪型旅客在接受民航服务时，常见的行为表现有：① 情绪变化大，易受到周围环境的影响；② 遇事无主见，易盲从他人；③ 喜欢新奇与有趣的服务项目。

民航服务人员在接待这类旅客时，应做到以下几点：① 用真挚的情感打动旅客；② 向旅客推荐新奇与参与度高的服务项目；③ 主动与旅客沟通，及时了解他们的想法。

3．意志型旅客

意志型旅客在接受民航服务时，常见的行为表现有：① 做事具有明确的目的；② 能够严格约束自身的行为。

民航服务人员在接待这类旅客时，应做到以下几点：① 以诚相待，以获得旅客的信任；② 多推荐具有挑战性与能够使旅客获得成就感的服务项目。

（二）独立型与顺从型旅客的服务策略

1．独立型旅客

独立型旅客在接受民航服务时，常见的行为表现有：① 自信心强，善于独立思考，

不易受到外界的影响；② 能够积极地提出意见与建议。

民航服务人员在接待这类旅客时，应做到以下几点：① 遇事主动与旅客商量，重视旅客提出的问题，并积极、高效地解决问题；② 营造轻松的候机氛围，以提高旅客消费的积极性与主动性。

2．顺从型旅客

顺从型旅客在接受民航服务时，常见的行为表现有：① 独立性差，易受到广告的影响；② 随波逐流，往往按照他人的计划或意见行事；③ 遇到突发事件时往往会束手无策。

民航服务人员在接待这类旅客时，应做到以下几点：① 合理安排服务项目，并严格按照既定的安排提供服务；② 行事果断，保持自信，以赢得旅客的信任。

（三）外向型与内向型旅客的服务策略

1．外向型旅客

外向型旅客在接受民航服务时，常见的行为表现为：① 喜欢交际，能够与民航服务人员和其他旅客相处融洽；② 能够主动配合民航服务人员的工作；③ 勇于尝试新奇的服务项目；④ 喜欢提意见。

民航服务人员在接待这类旅客时，应做到以下几点：① 在介绍民航服务项目时，可适当介绍一些特色服务，如升舱服务与特色餐食等；② 多听取旅客的意见，尽量满足他们的个性化要求。

2．内向型旅客

内向型旅客在接受民航服务时，常见的行为表现有：① 不喜欢交际，不合群，不轻易相信他人；② 喜欢安静的环境；③ 在行动前会制订一份详细的计划，并希望尽量按照计划行事。

民航服务人员在接待这类旅客时，应做到以下几点：① 积极、主动地与旅客沟通，了解旅客内心的真实想法；② 营造轻松与安静的候机（乘机）环境；③ 尽量为旅客提供其所需的各种服务。

头脑风暴

态度多变的陈先生

有一次，陈先生与朋友一起在某机场大厅候机。陈先生环视机场一周后对朋友表示，该机场环境幽雅，内部装饰华美大气，在机场的茶餐厅喝下午茶应该是一件十分惬意的事。

过了一段时间，当朋友再次向陈先生提到该机场的环境时，他却说道：“那里服务平平，东西却贵得吓人，一杯茶与几块甜点竟然要 220 元。”朋友惊讶无比，说道：“你上次不是还说那里环境幽雅、装饰华美吗？怎么现在态度变了？”陈先生沉着地回答道：“这个机场的设计的确十分豪华，我也非常喜欢那里的装修风格，但我的喜欢是有所保留的。我觉得任何事物都有好的一面，也有坏的一面，要客观地看待与评价。”

问题：案例中的陈先生属于哪种性格类型的人，体现出哪些性格特征？针对陈先生这种性格类型的旅客，机场应采取哪种服务策略？

三、旅客的能力差异与服务技巧

旅客的个人能力差异是客观存在的，这种差异表现在能力发展水平的不同（如年龄小的人各方面能力较差），男女性别的不同（如男性通常比女性力气大），以及特殊人群自身条件的不同（如残障人士行动能力差）等方面。通常来说，大部分旅客都可以在工作人员的提示与简单协助下办理好各项手续，随后登机。因此，民航服务人员只需要特别关注一些自理能力较差的旅客。本书在项目三中已经对一些特殊旅客的服务内容进行了详细介绍，此处不再赘述。在此仅对老年旅客与儿童旅客的特殊服务策略做简单介绍。

（一）老年旅客的服务策略

老年旅客在接受民航服务时，常见的行为表现有：① 由于记忆力衰退，会反复询问一些问题；② 部分老年旅客没有掌握普通话，只说方言，在沟通上存在障碍。

民航服务人员在接待这类旅客时，应做到以下几点：① 要多给予一些理解与包容；② 与其沟通时尽量多加一些手势语言，以便于其理解。

（二）儿童旅客的服务策略

儿童旅客在接受民航服务时，常见的行为表现有：① 认知能力与理解能力较差；② 对周围所有的事物都充满好奇；③ 活泼好动、情绪多变。

民航服务人员在接待这类旅客时，应做到以下几点：① 细致、到位，如送餐时要为其打开餐盒，介绍食物；② 饮料不要倒得过满，如果是热饮料，则须注意饮料的温度要适宜；③ 在与其交谈时，语言表述尽量简单、形象等。

任务实施

设计幸运旅客体验活动邀请函

为响应民航局《关于进一步提升民航服务质量的指导意见》中提升民航餐饮服务水平的号召，某航空公司拟邀请部分旅客参与航空公司的体验活动。

假设有气质类型分别为多血质、黏液质、胆汁质和抑郁质的四位旅客符合此次活动的参与条件。请根据本任务所学的知识，分别为这四位旅客设计一份本次活动的邀请函。设计完成后，以 PPT 的形式在班级内分享自己的设计理念与设计思路。

精业笃行

使命担当，无畏飞翔——党员乘务长胡玲君

胡玲君是东航安徽分公司的一名党员乘务长，作为一名入党多年的老党员与资深乘务长，将旅客安全地送达目的地是她的职责。2020 年 9 月，胡玲君荣获了“东航集团抗击新冠肺炎疫情先进个人”“东航集团优秀共产党员”等称号。

疫情就是命令，防控就是责任。2020 年 2 月 15 日，大雪纷飞，东航 MU9006 航班将载着安徽省第五批医疗队飞赴武汉驰援。胡玲君接到该任务后，立即将孩子送到父母家，也顾不上吃午饭，整理好行装就赶往机场。从航前准备会的协同准备环节，再到应急情况的处置环节，最后到登机的准备环节，她都做到了一丝不苟、有条不紊。忙碌中，她还不忘提醒组员与医护人员做好细节防护。

紧接着，在 2 月 19 日和 20 日，胡玲君又连续参加了安徽省第六批与第七批医疗队驰援武汉的包机任务。“我的工作岗位在疫情防控第一线”，能够坚守在自己的工作岗位，做好自己的工作，胡玲君感到由衷地骄傲。

2020 年下半年，疫情防控进入常态化阶段。作为客舱的管理者，胡玲君不仅要充分做好客舱的专项安全工作，更要以身作则，及时学习、掌握直至熟练运用实时更新的各站点防疫清单要求，以及东航在疫情期间的客舱服务工作程序指导手册。她总是利用航前准备会将安全服务要求详尽、生动地传达给组员，并以提问、交流和探讨等形式，提高组员应对航班中不正常事件的能力及安全风险意识，将航班上的安全服务工作落到实处。

在抗击疫情工作中，胡玲君切实发挥了共产党员的先锋模范作用，以自己的实际行动践行着各项工作要求，充分展示了一名共产党员爱岗敬业的责任感与使命感，彰显了平凡岗位上的不平凡。

（资料来源：百度，https://baijiahao.baidu.com/s?id=1682532936800873998&wfr=spider&for=pc，有改动）

实践活动

角色游戏：形形色色的旅客

活动概述

为了深入了解民航旅客不同的个性心理特征，请学生根据本项目所学知识，自定情境，分组排演民航服务小品剧，然后在班级内进行表演，其他小组与教师认真观看并进行点评。

活动准备

1. 全班学生分成若干小组（3～5 人一组），各小组选出一名组长。

2. 组长组织各小组成员设计情境（如候机、登机、飞行中、航班延误、用餐等），并将具体分工填写在表 5-3 中。

表 5-3　小组成员及分工情况

<table>
<tr><td>班级</td><td></td><td>组号</td><td></td><td>指导教师</td><td></td></tr>
<tr><td>小组成员</td><td>姓名</td><td>学号</td><td colspan="3">任务分工</td></tr>
<tr><td>组长</td><td></td><td></td><td colspan="3"></td></tr>
<tr><td rowspan="4">组员</td><td></td><td></td><td colspan="3"></td></tr>
<tr><td></td><td></td><td colspan="3"></td></tr>
<tr><td></td><td></td><td colspan="3"></td></tr>
<tr><td></td><td></td><td colspan="3"></td></tr>
</table>

活动过程

各小组根据表 5-4 所示的活动内容及活动要点实施活动。

表 5-4　活动实施要点

活动流程	活动内容及活动要点
编写剧本	各小组按照任务分工，讨论剧情并编写剧本
情境表演	各小组根据剧本进行表演 各小组在表演之前不能公布所要表演角色的个性心理特征（可以介绍角色的身份，如旅客是一名商务人士、一名学生、一名孕妇或一名无陪儿童等），其个性特征要在表演过程中用动作、语言、神态等表现出来。
角色竞猜	当一个小组表演完毕，其他小组的成员可以抢答的方式竞猜某个角色的个性特征
总结	情境表演与角色竞猜结束后，全班同学可就以下问题展开讨论： （1）哪位同学表演的个性心理特征最形象？ （2）哪位同学表演的形象不够典型？如果在工作中遇到了这种难以判定其个性心理特征的旅客，应该怎么做？

活动评价

各组配合指导老师对活动的实施情况进行评价，并将评价的结果填写在表 5-5 所示的考核评价表中。

表 5-5　考核评价表

考核内容	评价标准	分值	评价分数		
			自评	互评	师评
知识与技能评价	（1）情境合理，角色把握准确	20			
	（2）能通过动作、语言和神态展现各个角色的个性心理特征	20			
	（3）能够为不同个性心理特征的旅客提供有针对性的服务	20			
	（4）表演自然、表达流畅且逻辑清晰	10			
综合素养评价	（1）仪容仪表得体	5			
	（2）具备团队精神，能够积极与他人合作	10			
	（3）能从案例中吸取经验教训，提高自己的服务技能	15			
合计		100			
总评	自评（25%）+互评（25%）+师评（50%）=	教师（签名）：			

综合测验

一、不定项选择题

1. 俗话说：“江山易改，禀性难移。”这句话形象地说明了人的个性具有（　　）。

A. 稳定性　　B. 独特性
C. 倾向性　　D. 共同性

2. （　　）类型的人的各种心理活动与外部动作迟缓而又稳健。

A. 胆汁质　　B. 多血质
C. 黏液质　　D. 抑郁质

3. （　　）性格的人喜欢幻想，感情脆弱或性情暴躁，缺乏自制力，遇事容易惊慌失措。

A. 顺从型　　B. 意志型
C. 情绪型　　D. 外向型

4. 下列选项中，属于一般能力的有（　　）。

A. 思维力　　B. 观察力
C. 注意力　　D. 记忆力

二、填空题

1. 个性是由____________、____________和____________等多种成分或特征所组成的有机整体，这些成分或特征并非独立存在，而是相互联系并具有内在的和谐统一性。

2. ____________类型的旅客最大的特征是脾气暴躁，容易冲动，难以自制。

3. ____________类型的旅客最大的特征是沉默寡言，情感产生缓慢且不易外显，但深刻、细腻。

三、简答题

1. 简述胆汁质与抑郁质旅客的特征与服务技巧。

2. 简述针对不同气质旅客的服务策略。

四、案例分析题

阅读下面的案例，回答问题。

误机之后

某天，四位前往海南的旅客赶到机场时，离飞机起飞的时间还有 20 分钟，但按照规定，值机人员已停止办理登机手续。面对这一情况，这四位旅客分别做出以下几种反应。

A 和 B 冲向值机柜台，与值机人员沟通。

A 说："航班刚停止办理登机手续 10 分钟，你就给我们办了吧，我们都着急走。"

B 一边拍着柜台，一边指着值机人员说："上个月我也搭乘过这次航班，那次离飞机起飞只差 10 分钟，我也能上飞机。现在还有 20 分钟，为什么不给我办理？耽误了我的生意，你能负责吗？"

值机人员说："先生，本机场已启用自动办理系统，航班起飞前30分钟自动停止办理登机手续。请您理解。"

A 说："不会变通嘛，规定是死的，可人是活的！"

B 说："什么时候开始的，买机票的时候怎么没人告诉我啊，这是你们的责任，不应该让我们旅客来承担，叫你们领导来，给我们一个说法！你要是不叫的话，我就把柜台砸了。"

A 看到 B 与值机人员争执起来，他忽然想起前几天认识的一个朋友在机场工作，或许可以找他帮忙，于是掏出手机开始打电话。

C 则黯然神伤，心想：倒霉的星期一，上上周一遇到交通堵塞，上班迟到了；上周一出门时忘记带工卡，折回去时又将钥匙锁在了屋里；这周一又误了飞机……唉，星期一就是我的倒霉日啊！

D 在整个过程中始终没发一言，一直在静观其变。

问题：（1）请说出这四位旅客的气质类型。

（2）如果在将来的服务工作中遇到了像 B 一样的旅客，请你说一说在服务工作中应该注意哪些问题。

项目学习总结与思考

学习要点与难点	
待（未）解决的问题	
拟解决的方法	
已解决的问题	
经验总结	
学习心得	
思想感悟	

项目六

换位思考——安抚旅客群体

项目导读

在民航服务过程中，原本分散的旅客在一定的条件下会形成旅客群体，甚至会发生各类旅客群体事件，从而给民航服务工作带来消极的影响。因此，民航服务人员有必要了解旅客群体形成的原因，理解旅客的群体心理与群体行为，并掌握应对旅客群体事件的方法等。

学习任务清单

学习目标	学习内容	目标是否达成		备注
		达成	未达成	
素质目标	提升灵活应变能力	□	□	
	注重理论联系实际，坚持学以致用	□	□	
知识目标	了解群体与群体心理	□	□	
	理解旅客群体的形成与其特征	□	□	
	掌握旅客群体事件的应对方法	□	□	
能力目标	能够洞察旅客的群体心理，做到妥善处置旅客群体事件	□	□	

任务一 洞察旅客的群体心理

案例导入

航班延误引起旅客不满

某天清晨，大雾来袭，能见度极低。为了安全起见，某机场取消了多架航班，导致多名旅客被滞留在候机大厅。

两个小时过去了，旅客们的情绪逐渐焦躁起来，并不断地质问登机口的服务人员。有人说："我看大雾已经散了，我的飞机怎么还没到？"有人说："什么时候可以登机，都延误两个小时了。"有人说："我每次在你们机场坐飞机都晚点，这次又晚点了！"有人说："我到了目的地还要转机的，现在还没登机，我怎么办？"旅客们你一句、他一句，让服务人员难以招架。有的旅客甚至鼓动其他旅客说："我们不能听服务人员的，我们应该去找他们的领导，让领导给我们一个说法！我们要赔偿！"

知识准备

一、群体与群体心理

（一）群体的概念、分类与特征

群体是指由多个相互作用与相互影响的个体组成的共同体。根据群体构成的原则与方式的不同，群体可分为正式群体与非正式群体。

正式群体是指根据成员编制、章程或其他正式文件而建立的群体。这类群体通常会有统一的规章制度、组织纪律和行为准则。例如，学校的班级、教研室，党团、行政组织，民航服务团队等都属于正式群体。

非正式群体是人们在共同的活动中，以共同的利益、爱好或地域等为基础自然形成的群体。由于非正式群体往往以情感为纽带，以兴趣爱好等为基础，因此其通常具有较强的内聚力与对成员的吸引力。民航旅客群体多为旅客临时聚集而成的非正式群体。例如，同一个航班的旅客在遇到某种突发事件时，会为了共同的目的团结一心、解决难题。

尽管群体之间在类型、大小、性质和规模等方面千差万别，但所有的群体都具备以下几个特征。

1. 目标共同性

群体之所以能够形成，是因为它是以成员共同的活动目标为基础的，正是有了共同的目标，人们才能走到一起并相互合作，使群体爆发出超越单个个体之和的能量。

例如，候机大厅的旅客在一般情况下都是独立的个体，而当出现航班延误，旅客们按期乘机的共同目标受到了影响，损害了他们的共同利益，旅客就会聚集起来组成一个群体向航空公司讨说法。

2. 成员的认同感与归属感

群体中的每个成员都能意识到自己是这个群体的一员，对群体有认同感与归属感。这种认同感与归属感是导致群体事件发生的重要心理因素，它能使群体成员在行为上相互制约，使群体产生巨大的动力。例如，在飞机飞行中，为了群体的安全，旅客要关闭手机，假如有人坚持使用手机，就会受到群体的指责。

3. 成员之间相互影响

群体不是个体的简单组合，而是一个有机的整体，成员之间有信息、思想和感情上的交流。每个成员都在这个群体中扮演一定的角色，负有一定的责任，并努力地以自己的行为配合他人的行为，使群体成为一个聚集着强大动力的活动体。

（二）群体心理的概念与特征

群体心理是指群体成员在相互作用与相互影响下形成的心理活动。当个体成为群体中的一员时，其行为便不可避免地受到群体心理的影响。因此，民航服务人员学习群体心理的相关知识，能更好地分析与研究旅客的意图与需要，从而能够更有针对性地为其提供服务。

群体心理的特征表现在以下三个方面。

1. 认同意识

无论是哪一类群体的成员，他们都有着认同群体的共同心理特征，即不否认自己是该群体的成员。具体来说，认同意识表现在成员对群体的目标有着一致的认识，认同群体的规范，并且对重大事件与原则问题保持共同的认识与评价。值得注意的是，每个群体内部的认同程度是不一样的，通常，大群体内部的认同程度要相对低一些，而小群体内部的认同程度要相对高一些。

2. 归属意识

不管是正式群体的成员还是非正式群体的成员，他们都有着归属于群体的共同心理特征，即具有依赖群体的需求。值得注意的是，非正式群体成员的归属意识大多是自愿的归属意识，而正式群体成员的归属意识则不确定，其可能是自愿的，也可能是被迫的。

3．整体意识

由于群体内的成员认同群体，归属于群体，因此，他们都有着或强或弱的整体意识，即意识到群体是一个整体。但是，群体成员的整体意识却有着强弱之分。一般来说，群体成员的整体意识越强，其维护群体的意识也就越强，行为与其他成员的一致性越强；反之，整体意识越弱，其维护群体的意识也就越弱，行为也大多与其他成员不一致，具有独特性。

（三）群体心理的类型

1．从众心理

扫一扫

从众的力量为何如此强大

从众心理是指个体在群体的影响或压力下，放弃个人的意见或违背自己的观点而使自己的言论、行为与群体保持一致的心理现象。虽然有时从众心理是一种非自愿的行为，但当群体成员发现自己的意见或行为与群体不一致时，会产生紧张感，进而促使自己与群体趋向一致，这一行为被称为从众行为。

2．众从心理

众从心理是指群体内的大多数成员受到少数成员意见的影响而改变原来的态度、立场和信念，转而选择与少数成员意见一致的心理现象。当群体内有少数成员保持意见一致，并强烈地坚持自己的观点时，其他成员可能会怀疑自己的立场是否正确，进而思想开始动摇，甚至会有一部分成员首先转变态度，倾向于少数成员的意见，这就会导致多数成员最终听从了少数成员的意见。

3．服从心理

服从心理是指个体遵从群体的规范或他人的要求而放弃自己的意见的心理现象。服从通常有两种情况：一是对法令、政策和组织的正式规范的服从；二是对权威人士或领导发出的命令的服从。

二、旅客群体的形成

旅客群体是指在一定条件下，由旅客组成的暂时性的人群集合体。这里的“一定条件”是指伤及旅客自身利益的外界因素（如航班不正常、候机环境差和服务不周等）。这些因素会导致旅客由原来分散的个体先演变成小群体，再由小群体演变成大群体。

一般来说，小群体的形成有以下两种情况：一是来源于旅游团队，团队内的旅客在出行之前就是一个群体，他们已经具备了群体的部分特征；二是旅客之间通过直接接触（如一同讨论与民航企业相关的问题等）建立起情感与心理上的联系，进而逐步达成认知上的统一，从而形成小群体。

三、旅客群体的特征

（一）旅客的群体意识

旅客的群体意识是指旅客群体中的多数成员所共同具有的价值观念，它反映了群体成员的态度。旅客的群体意识的形成通常需要具备以下三个要素。

（1）合理与自觉地了解自身的利益，如了解行李损坏时的赔偿标准与航班延误时的赔偿标准等。

（2）为了维护自身的利益，否定与抗拒机场或航空公司的利益。例如，旅客们一致拒绝登机或破坏机场设备等。

（3）准备用集体的方式维护自身的利益。

当上述三个要素基本具备之后，旅客的群体意识也就逐步形成了。值得注意的是，旅客维护自身的利益是一种本能的反应，这便非常容易促使旅客形成群体意识，进而推动群体行为或群体事件的发生。

（二）旅客的群体情绪

旅客的群体情绪是指旅客在基于认识、评价和利益一致的基础上而形成的共同情绪，也可以说是由于旅客之间相互感染而形成的情绪认同。这种情绪认同分为以下两种情况。

1. 自觉的积极认同

自觉的积极认同是指群体内的每一位成员在情感上将自己融入群体，对群体所确立的目标有着明确的认识，并且具有与全体成员同甘共苦的情谊。例如，在遇到航班延误时，有的旅客可能会说："要走大家一起走，要不走大家一起不走！"

2. 被动的情绪认同

被动的情绪认同是指旅客由于群体内部的压力（为避免受到群体成员的歧视或抛弃）而产生从众心理。

值得注意的是，旅客的群体情绪在一定的条件下会演变成群体的过激行为，从而给服务工作带来极大的麻烦。因此，民航服务人员要特别留意旅客的群体情绪。

（三）旅客的群体行为

旅客的群体行为是指旅客在外界因素的刺激下，压抑在心里的消极情绪转变为外在的行为。旅客的群体行为常发生在航班延误或突发紧急情况时。具体来说，旅客的群体行为具有以下几个特点。

1．自发性

在民航服务过程中，旅客的群体行为不是预先计划好的，而是旅客在遇到突发情况或受到某种刺激后，一哄而起的行为。

2．非理性

当发生旅客群体行为时，群体内的每一位成员的情绪都处于激动的状态，并且缺乏理性的思考。整个人完全被激动的情绪所支配，行为盲目，有时甚至不顾后果，做出一些违反社会治安管理条例的行为，如围堵安检口、破坏机场设施和辱骂服务人员等。

3．短暂性

旅客的群体行为是因遇到突发事件而一时情绪激动所发生的，因此，在他们发泄了情绪，或者得到了相应的赔偿后，群体行为也就随之结束了，整个过程比较短暂。

问题窗

旅客的群体意识、群体情绪和群体行为之间有着怎样的关系？

任务实施

心理游戏：你为什么这么做？

活动目的

深入理解群体心理与群体行为。

活动准备

在学生们没有心理准备的情况下进行。

活动过程

1．活动内容

（1）看天花板。上课之前（或课中），教师忽然抬头看向天花板并持续 30 秒，然后观察同学们的反应。

（2）提出不满。先请同学自愿发言，说出在某个方面或某件事上对某位同学的不满，时长为 5 分钟。然后请同学们匿名将对某位同学的不满写在一张纸条上，投进一个无人会打开的“秘密箱”中。

（3）送礼物。教师有一个礼物，要随机送给班上的某位同学，请愿意得到该礼物的同学举手。

2．讨论与反思

（1）你是否跟着教师一起看天花板了？你当时的心理活动是怎样的？这反映了哪种

群体心理？

（2）你是否表达了对某位同学的不满？是直接表达出来的还是写在了纸条上？你为什么这样做？这反映了哪种群体心理？

（3）你内心肯定是愿意得到礼物的，那你在第一时间举手了吗？当看到其他同学举手时，你的心理变化是怎样的？这反映了哪种群体心理？

任务二　掌握应对旅客群体事件的方法

案例导入

服务人员坚守第一线，力保候机大厅安定有序

某日，因受到北部地区极端天气的严重影响，某机场的航班均遭到延误，滞留旅客达 2 300 人。在滞留的旅客中，不少旅客情绪激动，煽动其他旅客一起投诉机场，要求得到相应的赔偿，候机厅一片混乱……

但是，机场的服务人员并没有因为旅客激动的情绪而暂停服务。值机员在柜台前一遍又一遍地广播着延误航班的最新动态，提示旅客稍安勿躁与及时关注候机厅内的大屏幕；在登机口，值班经理被旅客层层围住讨要说法，她尽管嗓子已经沙哑，但还是耐心地为旅客解释；面对旅客的愤怒与不满、挑衅与辱骂，地服人员强忍着内心的委屈与无奈，继续为旅客发放航延餐食，悉心照顾“老弱病残孕”等特殊旅客；值班民警一直在维持现场秩序……

最终，在各个岗位的服务人员的齐心努力下，全天未发生不安全事件，成功避免了群体事件的发生。

知识准备

一、发生旅客群体事件的原因

旅客群体事件主要是指在民航运输过程中，因航班不正常或服务原因发生的由多名旅客聚众共同实施的违反国家法律、危害公共安全和扰乱公共秩序的行为事件。旅客群体事件的主要表现有以下几种：① 非法强行占据飞机，阻碍正常航班运行；② 阻碍其他航班的旅客登机，并发生冲突；③ 封堵机场道路交通，破坏机场公共设施与设备；④ 辱骂与殴打服务人员；⑤ 妨碍执法人员维持秩序。具体来说，引发上述群体事件发生的原因主

要有以下几个方面。

（一）民航服务问题

民航服务问题主要包括服务人员的服务意识差、服务不到位和遇事推脱责任等。例如，当航班延误时，服务人员未及时向旅客说明延误原因，使得旅客产生受到蒙蔽的感觉，进而产生不满的情绪；部分服务人员的服务意识差，遇到突发情况时不主动服务与敷衍了事；民航企业的服务不够人性化，服务项目单一，等等。

个案厅

服务不当引起的旅客群体事件

某航空公司一架由上海飞往深圳的航班发生延误后，机场的服务人员在没有了解清楚航班延误的原因的情况下，便告诉旅客该航班延误是因为目的地机场的航班流量控制造成的。可这位服务人员并不知道，此次航班上有一位VIP旅客恰巧认识目的地机场某部门的负责人。经过询问，这位 VIP 旅客得知目的地机场正常放行后大怒，指责服务人员毫无责任感，随便找一个理由就想搪塞旅客，其他旅客得知真相后也非常生气。一时间，这位VIP旅客成为了“领袖”，开始带领一批旅客与航空公司谈判……

（二）缺乏管理机制

某些民航企业对旅客群体事件的重视程度不够，没有关于突发状况的处理机制与管理制度，进而导致遇到紧急情况时服务流程混乱，现场服务人员手忙脚乱，甚至出现推卸责任的现象。

（三）旅客的心理因素

旅客一旦因为共同的利益形成群体后，就必然会产生群体心理，他们的情绪会互相感染，行为也会互相暗示与模仿，最终导致群体事件的快速发展，场面难以控制。

二、旅客群体事件对服务工作的影响

当旅客群体形成后，他们在认知上的统一性、利益上的依赖性和行为上的联系性，使得群体中的每一位成员都强烈地意识到自己正身处群体，只有一致排外才能维护自己的利益。同时，旅客群体的意识、思维和情绪会相互影响，进而出现统一的群体行为，如会对服务人员的道歉置之不理、对附加的服务内容态度冷漠和对执法人员的劝说无动于衷等。旅客的这种群体行为会使民航服务工作无法正常进行，进而造成更大规模的航班延误或发生性质更加恶劣的群体事件，进一步损害民航企业的声誉。

问题窗

想一想，当旅客群体形成后，还可能会给民航服务工作带来哪些不良影响？

三、旅客群体事件的应对方法

民航旅客群体事件不仅会严重扰乱正常的航空运输环境，破坏机场的治安秩序，而且还会损害民航企业的利益，破坏民航企业的形象，应当引起高度的重视。要想从根源上改变这一现象，必须依法实行航空运输安全与秩序的综合治理。具体来说，应从以下几个方面入手，积极预防并妥善处置旅客群体事件。

（一）提高服务质量

民航企业应提高对旅客群体事件的认识，重视其带来的不利影响，树立以人为本与顾客至上的服务理念，不断提升服务质量。具体而言，民航企业可以从以下几个方面提升服务质量。

（1）设法提高航班的正点率，并建立针对不正常航班的应急措施。

（2）尊重旅客的知情权，及时且如实地向旅客通报航班信息情况。

（3）当航班延误时，全力保障旅客的安全、休息、餐饮、交通和住宿等，以缓解旅客的不满情绪，避免旅客群体事件的发生。

（二）提高办事能力

群体事件发现得越早，处置的成本就越小。旅客群体事件通常发生在民航服务现场，如果服务人员能够及时与快速地处置，就能避免或降低群体事件带来的不良影响。因此，提高服务人员的办事能力是避免旅客群体事件发生的重要方式。具体而言，民航服务人员与民航公安民警应加强对民航安全法律法规、服务操作规程和应急事件处置流程的学习，从而不断提高自身的办事能力。

（三）做好法制宣传

扫一扫

航班延误时，机长的内心活动是怎样的

提高旅客在乘机过程中的法制观念也是积极预防旅客群体事件的重要方式。具体来说，民航企业可以通过以下几种方式做好法制宣传工作。

（1）有关部门可以发布关于维护民用航空公共安全与维护公共秩序的公告。

（2）大力加强法制宣传教育，提高旅客在乘机过程中的法制观念、社会公德和公共安全意识，不做损害国家与社会和侵害其他公民合法权益的事情，共同维护民用航空秩序。

（3）建立正常的旅客维权机制，疏通旅客维权诉求渠道。当旅客的权益受到侵害时，引导其运用正当手段维护自己的权益。

个案厅

民警妥当处置旅客之间的纠纷

某天清晨，大雾天气导致很多航班无法正常执飞，大批旅客被滞留在候机大厅。

临近中午，大雾逐渐消散，陆续有航班起飞。突然，值班民警高哲的对讲机中传来了指挥中心急促的呼叫。原来是几名旅游团的成员因对航班延误不满而去围堵其他能够正常起飞的航班的登机口，导致其他旅客无法正常登机，双方旅客的情绪都非常激动。

高哲收到呼叫后，立马赶往事发现场。他挤进人群来到登机口前，一边大声警告旅游团的成员围堵登机口属于违法行为，一边试图将他们拦在边上，并示意另一方的旅客登机。

这时，围堵登机口的几名旅客突然冲过来用手抓挠高哲，高哲的脸上与脖子上顿时有了几道抓痕，但他仍旧牢牢地守护在登机口边，直到支援的同事赶到，隔出了一条登机通道并护送旅客登机。

事后，同事问高哲：“这么多旅客围着，你怕吗？”高哲笑着说：“怕啊，但我身为警察，积极与妥善地处置由航班延误引发的旅客群体事件是我的职责，我必须冲在前面，尽自己的力量及时维持秩序，化解旅客之间的矛盾。”

任务实施

制订旅客群体事件的应对方案

情境描述

一架从 A 地经 B 地飞往 C 地的航班可谓“命运多舛”：这架航班从 A 地出发时因天气原因延误了一个小时；降落在 B 地时又因机械故障无法正常起飞，经过两个小时的维修后，飞机终于可以起飞了，可是旅客又因未得到赔偿而拒绝登机；而在 C 地等待乘机的旅客抱怨航班一再延误，指责机场未给出合理的解释，旅客们集体要求退票。

任务要求

1. 全班学生分成若干小组（3～5 人一组），各小组选出一名组长。

2. 组长组织各小组成员根据上述情境，讨论并分别制订出针对 A 地、B 地和 C 地旅客的应对方案。

3. 方案制订完成后，各小组在班级内进行展示，并对比各小组的方案的优劣。

精业笃行

树立“精品意识”，打造精品班组

“细节决定成败。只有虑事精心，过程精细，才能诞生精品。”因此，中国东方航空云南有限公司乘务三分部班组长李旖在工作中始终奉行“精品意识”——精益求精、注重细节，着力打造精品班组。

一、打造“精品”从自身开始

“打铁还需自身硬”，要想打造精品班组，班组长首先就得不断进行自我完善。因此，李旖不断提升自我素质与综合能力，摒弃“差不多”思想，把“精品意识”融入每一件小事之中。除了日常工作，李旖还十分乐于钻研专业知识，她利用多个渠道学习飞行相关知识，总结归纳了较多容易被大家忽略的业务知识，并将这些知识与组员进行分享。

此外，李旖还发现许多组员存在机型与航线概念模糊的情况，于是她主动向机务组的同事学习并总结出了东航云南公司不能执行高原飞行任务的飞机机号，并将其制成表格后发送到班组群内，以供组员学习掌握。

二、抓细节找特点，制订个性管理方案

班组管理中的“精品意识”体现在李旖对班组成员的个性化管理中。李旖认为，班组的灵魂在于细节，在于每一位组员。每位组员都有着各自的优势，只要能够充分发挥组员的优势，就能将每个有力的“手指”组合成坚硬的“拳头”。李旖利用“九型人格”对团队的影响力，根据组员的个性特征对其进行分类管理。例如，“积极正能量型”的组员上进心较强，能够积极、主动地参与各项工作，李旖便以鼓励为主进行管理；“自我松懈型”的组员大多抱有得过且过的思想，李旖便以先进带动后进，隔三差五地给予勉励。

李旖还独创了“睡前三回想”的班组管理法，要求组员每天入睡前完成签到时间、闹钟设定和近期业务重点三个内容的回想。通过定制的个性管理方案，组员在班组中找到了自身的定位与价值，班组感情不断升温，组员的工作积极性与能动性也被极大地调动了起来。

三、科学分析数据，勇于创新

李旖的“精品意识”还体现在班组管理的数据化与精准化中。李旖对大组的各项工作进行统计与分析，找到各项工作的规律与特点，分析现有问题的成因，进而总结出解决问题的方法并改进管理方式。

同时，李旖利用饼状图分析各舱位投诉占比，得出高舱位投诉率占比大的结论，随即调整班组管理方案，找出重点关注人员，进行投诉管控；利用折线图关注各项工作的发展趋势，当图中出现向下的折线时就及时进行干预。

丢掉“套路”管理，科学分析数据，让李旖的班组管理打破了常规，走出了一条新路子。

班组管理一直在路上，李旖坚持“精品意识”的信念却从未改变，她相信不断精益求精、抓好细节、突破创新，她和她的班组将在打造精品班组的道路上取得更加优异的成绩。

（资料来源：中国民用航空网，
http://www.ccaonline.cn/hqtx/616050.html，有改动）

实践活动

旅客群体事件调查

活动概述

为了深入了解旅客群体事件对民航服务工作的影响，掌握旅客群体事件的应对方法，请全班学生以小组为单位，搜集有关航空公司近五年以来的旅客群体事件应对案例，并选派代表在班级内进行知识分享。

活动准备

1. 全班学生分成若干小组（3～5 人一组），各小组选出一名组长。

2. 组长组织各小组成员讨论确认调查对象（注意：各小组选择的航空公司不要重复），并将具体分工填写在表 6-1 中。

表 6-1　小组成员及分工情况

班级		组号		指导教师	
小组成员	姓名	学号	任务分工		
组长					
组员					

活动过程

各小组根据表 6-2 所示的活动内容及活动要点实施活动。

表 6-2　活动实施要点

活动流程	活动内容及活动要点
知识分享	（1）各小组选派一名代表，简单叙述本小组搜集的关于航空公司发生群体事件的总数，以及事件的基本情况 （2）各小组另选派一名代表，陈述本组所搜集的旅客群体事件的原因。例如，“上述五起旅客群体事件中，有三起是由于航班延误引起的，有两起是由于服务人员言辞不当引起的”等
事件分析	各小组选派第三名代表，选取其中某一个典型事件进行分析，包括旅客的情绪与行为、处理的结果，以及留给民航服务人员的反思等
总结	各小组发言结束后，教师进行点评并组织讨论： （1）同学们列举的旅客群体事件有哪些共同点？ （2）航空公司对该类事件的处理是否妥当？

活动评价

各组配合指导老师对活动的实施情况进行评价，并将评价的结果填写在表 6-3 所示的考核评价表中。

表 6-3　考核评价表

考核内容	评价标准	分值	评价分数		
			自评	互评	师评
知识与技能评价	（1）能够有针对性地采用合适的方法搜集资料	15			
	（2）所选案例具有较强的代表性	20			
	（3）能够运用所学知识合理地分析旅客群体事件	20			
	（4）有自己的见解	10			
综合素养评价	（1）仪容仪表得体，讲述逻辑清晰	10			
	（2）具备团队精神，能够积极与他人合作	10			
	（3）态度积极、认真参与实践活动	15			
合计		100			
总评	自评（25%）+互评（25%）+师评（50%）=	教师（签名）：			

综合测验

一、不定项选择题

1．群体的特征有（　　）。

A．共同的目标　　B．群体意识

C．成员的认同感和归属感　　D．成员之间相互影响

2．群体心理的类型有（　　）。

A．从众　　B．盲从

C．服从　　D．众从

3．发生旅客群体事件的原因主要有（　　）。

A．民航服务问题　　B．缺乏管理机制

C．旅客的心理因素　　D．民航突发事件

二、填空题

1．旅客群体一旦形成，就具有__________、__________和群体行为。

2．群体性事件发现得越__________，处置成本越__________。

3．民航企业应从__________、__________和__________入手，积极预防并妥善处置旅客群体事件。

三、简答题

1. 简述造成旅客群体事件的原因。
2. 简述旅客群体事件的应对方法。

四、案例分析题

阅读下面的案例，回答问题。

大雾无情人有情，南京机场服务人员全力保障出行

某日，陕西气象台发布了大雾红色预警。当日傍晚，南京机场航延室接到了上级的指令，原定于当日22:40由南京机场起飞前往西安的某航班因为天气原因取消。接到指令后，航延室负责人第一时间做出决策，他们立即联系车辆并预定了周边宾馆，妥善地将滞留的134名旅客送往宾馆休息。不料，当旅客到达宾馆后，机场又收到上级的通知，内容为该航班由于天气原因取消不补班，且无法改签。

此通知一出，立即在旅客中引起了轩然大波，旅客们纷纷表示不理解与不接受这样的安排，要求航空公司给出解决方案。面对这样的局面，航延室负责人积极联系各个科室与部门相关领导，研究并探讨该航班的处置预案，并最终决定于第二天将旅客接回机场后，再进行事件的现场处理。

第二天清晨，航延室服务人员进行了分工，有的服务人员负责告知旅客可改签的交通方式及其时刻表；有的服务人员负责协助航空公司开具延误证明，并向旅客致歉；有的服务人员详细地通报了该航班的后续相关安排情况。对于坚持要求航空公司给出解决方案的旅客，服务人员继续耐心地解释劝说；对于自愿退票的旅客，服务人员帮助其提取行李，申请免费大巴，引导他们前往乘车处……

问题：（1）案例中的旅客在得知航班取消且机场方面未给出后续方案时是否形成了群体？从何判断？

（2）南京机场航延室的服务工作是否做到了高效？从何判断？

项目学习总结与思考

学习要点与难点	
待（未）解决的问题	
拟解决的方法	
已解决的问题	
经验总结	
学习心得	
思想感悟	

项目七

处变不惊——应对意外状况

项目导读

在民航服务过程中，天气、机械故障，以及旅客或服务人员的不良情绪等都可能引发一些意外状况。这些意外状况如果处理不好，可能会造成难以挽回的后果。因此，了解并处理好民航服务中的意外状况，采取积极的预防与应对措施，有利于促进民航服务质量的提高。

学习任务清单

学习目标	学习内容	目标是否达成		备注
		达成	未达成	
素质目标	增强大局意识和安全责任意识，以行动自觉强化责任担当	□	□	
知识目标	掌握航班延误与取消时旅客的心理现象及应对策略	□	□	
	掌握旅客投诉的心理及其应对措施	□	□	
	掌握遭遇突发事件时的旅客心理及相应的服务措施	□	□	
能力目标	能够洞察旅客心理，巧妙处理各种突发事件	□	□	

任务一 掌握航班延误与取消时的旅客心理与应对策略

案例导入

重庆机场应对罕见冰雪

受寒潮影响，重庆普降大雪，重庆机场航班大面积延误。航班影响之大，滞留旅客之多，是重庆机场开航以来所没有过的。机场地服和空乘们面对保证运行安全、预防群体性事件、旅客后续保障等问题，压力陡增！

机坪上，各种保障车辆来回穿行，除冰液洒布车沿着跑道、滑行道紧张作业，巡查跑道、滑行道，测试摩擦因数的车辆和设备有序运行，航油加油车正在为飞机加油，整个机坪忙而不乱。期间，重庆机场先后巡查跑道、滑行道 15 次，摩擦因数测试 16 次，巡查助航设施设备 30 余次，分区域洒布除冰液 15 吨，确保机场全部设施设备适航。国航、川航、重庆航空等公司的除冰车加紧对飞机除雪除冰，机场公安消防队出动 12 台专用车辆及 47 名消防战士协助航空公司开展除冰雪工作。

与机坪上的严寒不同，重庆机场候机楼内，呈现的却是另一番“火热”。

走进航站楼，放眼望去全是因航班延误而滞留的旅客，有的席地而坐，有的排队改签退票，有的玩着游戏，更多的旅客焦急地凝望着滚动播放的航班信息。航班信息显示屏、问询柜台和航空公司售票柜台的前面都站满了旅客，公安民警、防爆与安检人员都在维持秩序；票务人员紧张地为旅客办理签转和退票；身着红色服装的志愿者穿梭于人群之中，为旅客提供问询和引导服务；地服人员协助航空公司安排旅客的餐食和住宿休息；医护人员手提药箱为旅客进行医疗巡诊……尽管场景略显嘈杂，但秩序井然。

知识准备

一、航班延误与取消的影响因素

航班延误是指航班实际到（出）港时间晚于计划到（出）港时间超过 15 分钟的情况。航班取消是指因预计航班延误而停止飞行计划的情况。导致航班延误或取消的因素有很多，具体包括以下六个方面。

（一）天气

在众多的天气现象中，雷暴是飞机在飞行中所遇到的最恶劣也是最危险的天气。如果必经之路上有雷雨云封道，那么飞机是不能起飞的。低能见度天气对飞机起降也有着很大的影响。雨、云、沙尘暴、浮尘、烟、雾和霾等都会使能见度降低，影响飞行。地面能见度低，容易产生偏航和迷航，从而影响飞机的起飞和着陆。

（二）机械故障

飞机常见的机械故障包括导油管漏油、发动机失灵（包括熄火）、起落架无法正常升起或放下等。机械故障如果不能及时排除，航班只得延误或取消。例如，浙江长龙航空有限公司的一架飞机曾因轮胎破损而返航，导致该航班延误。

（三）设备条件

在相同的天气条件下，若机场相关的设施设备较为完备，航班就可以正常起降，否则，航班就会延误或取消。例如，石家庄正定国际机场拥有除冰车 5 台，大型热吹车 7 台，大型除雪车 3 台，滚刷车 3 台，铲车 2 台，小型清雪机 6 台，30 分钟就可以完成 12 架飞机的除冰雪作业，确保机场因大雪关闭后一小时内能够重新开放。

（四）保障工作

航行管制、通信导航、商务配载、安全检查和气象保障等工作，不论哪一个环节的工作未及时做好，都会影响航班的正常运行。有时飞机周转不过来，也会影响航班的正常运行。

（五）人为因素

若旅客未能按时登机而其托运的行李已送上飞机，则要取下这些行李，飞机才能起飞，以此会造成航班延误；另外，旅客突发意外状况，也常会造成航班延误。据统计，由旅客自身原因导致的航班延误占航班延误所有因素的 3%左右，这个比率相当于机械故障造成的航班延误。

在极少数的情况下，也会因机组人员的失误造成航班延误。例如，海南航空一架由成都直飞洛杉矶的航班由于机长带错护照，延误近 15 小时。

（六）其他原因

国家命令、战争、动乱、自然灾害等特殊情况，也会造成航班延误或取消。例如，上海（两机场）、南京、连云港、杭州、合肥、济南、无锡、宁波、青岛、郑州和武汉等地曾因受空军活动影响，对航班进行了 25%的调减。

综上所述，航班延误与取消有些是民航企业的问题，应努力创造条件，做好工作；有些是旅客造成的，民航服务人员应予以协助解决；有些则是难以避免的不可抗力造成的。

二、航班延误与取消时旅客的心理

航班延误时旅客的心理特点既有共性，亦有个性，呈现出一定的复杂性。其具体表现在以下几个方面。

（一）焦虑不安

尽管飞机作为现代化的交通工具有安全、快捷、舒适等诸多优势，但据调查，86%以上的中国旅客选择乘坐飞机出行的原因都是图“快”。航班的延误，尤其是航班长时间的延误，导致他们越来越着急，越来越焦虑。他们往往坐立不安，急切盼望航班延误能够尽快结束，以尽早踏上旅程。

（二）期盼解决

一旦遇上航班延误，旅客就不能按时到达目的地，其行程安排也会受到影响。因此，旅客大都盼望知晓具体的等待时长，掌握航班的实时动态，以便重新规划行程，尽快成行。当航班延误的时间较长或航班取消时，旅客也希望民航企业能够给出妥善的处理方案，使问题能够尽快地得到解决。

（三）心生不满

随着飞机起飞时间的推迟，如果旅客不能准确、及时地了解航班延误的信息，或者航空公司不能说明航班推迟起飞的原因，则旅客必然会抱怨；而在航班延误或取消后，若民航服务人员以简单的“不知道”来答复旅客或态度不好，就会使本来就不愉快的旅客更加不满，抱怨更多。

民航服务人员要警惕旅客不满情绪的扩散，一位旅客的不满会影响其他旅客的情绪。如果服务人员的工作不到位，极易导致旅客爆发强烈的情绪，进而产生非理智的行为。

个案厅

航班因大雾取消，候机室内近百名旅客不肯离去

某航班原本要执飞北京经停达县至成都的航线。按照原计划，该航班应在 13 点 50 分从首都机场起飞，但近百名旅客在候机室内一直等到当天 18 点，都没有得到飞机起飞的消息。部分旅客向工作人员询问相关信息，但工作人员只说是天气原因，让其继续等待。20 点左右，一名工作人员突然宣布，该航班取消。

“我们等了 6 个多小时，突然说取消就取消，也没个解决办法。”一位旅客说。大家要求航空公司给改签当天的其他航班，但一直没有得到答复。

22 点半左右，旅客们欲回到大厅寻找航空公司的负责人，但在安检口被告知：出去就无法再回到候机室内。随后，近百名搭乘该航班的旅客围堵在安检口处，与安检人员发生了争执。几位旅客情绪激动，口中一直大喊“我要今天回家”。部分民警赶到现场维持秩序。

航空公司的一名工作人员表示，因四川大雾，当日飞往四川的大部分飞机或者延误，或者起飞后一直无法降落，所以航班取消也是出于安全考虑。工作人员说，他们对航班延误表示歉意，并会妥善安排旅客的食宿，如第二天天气允许，旅客可乘坐正点航班飞往四川，旅客也可选择把机票退掉，改乘其他航班。

（四）怀疑受骗

当听到航班因天气原因延误或取消的消息后，有的旅客会怀疑航空公司为了逃避对旅客的补偿，故意把机械故障或人为原因说成天气原因；还有的旅客会怀疑因当次航班的旅客较少，航空公司为了减少成本，欲将两个航班合并，故意把没有大碍的天气状况说成影响飞行。此种心理一旦占据相当的比例，旅客就会对航空公司产生一种不信任感，或感到自己被欺骗、被愚弄，进而可能导致旅客做出“霸机”、拒绝登机或冲击飞行禁区等不理智的行为。

从旅客的上述心理特点不难看出，民航服务工作在航班延误或取消等情况发生时的复杂性与艰巨性。但只要服务人员针对旅客的心理特点，采取强有力的举措，把工作做到位，不仅能够做好航延后的服务工作，而且能够通过对意外状况的妥善处理来提升民航企业的知名度与美誉度。

问题窗

旅客遇到航班延误或取消时，可能产生哪些心理反应或外在表现？

三、航班延误与取消时的应对策略

航班延误或取消时，服务人员可以通过提供及时的信息与服务，或者通过一些心理辅导措施来缓解旅客的不良情绪。

（一）及时提供相关的信息

扫一扫

如何应对飞机延误

及时得到航班信息是航班延误或取消后旅客最为突出的需求。民航企业必须坚持诚实守信的原则，及时、准确地将航班信息传递给相关旅客，满足旅客对航班的知情权与合理的需求。坚决杜绝将机械故障与人为原因造成的航班延误说成是天气原因，将由合并航班导致的航班延误说成是由天气原因导致延误等恶劣现象的发生。民航服务人员切忌在意外状况发生时推诿责任或表现得漠不关心，切忌对旅客的问询一问三不知或态度恶劣。

（二）及时提供相应的服务

航班延误往往会给旅客带来一些意想不到的困难。民航服务人员要按照有关规定，及时为旅客提供饮用水或饮料，按时安排三餐；旅客需要住宿时，应及时为其安排好旅店或过夜用房。服务人员应当急旅客之所急，帮旅客之所需，积极为旅客办实事、做好事、解难事，最大限度地为旅客提供方便。

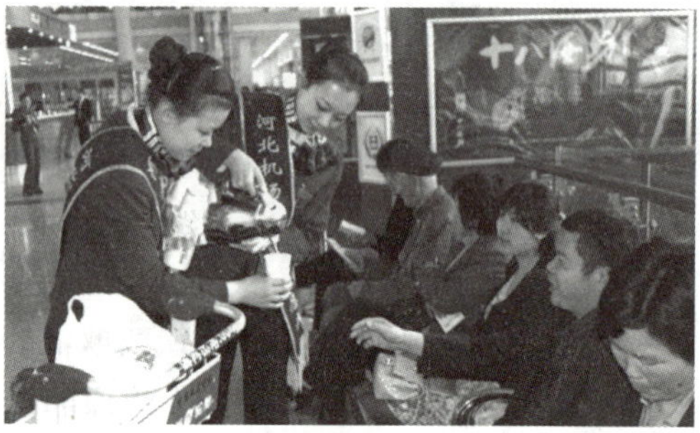

航班长时间的延误会打乱旅客的行程。有的旅客，尤其是首次乘坐飞机的旅客往往会不知所措。民航服务人员应当主动为旅客当参谋、出主意，帮助旅客安排好接下来的行程，使其尽快到达目的地，把航班延误对其造成的损失降到最低。若旅客要乘坐后续的航班，服务人员要热情地为其办理签转手续，使其尽快成行；若旅客要改乘其他交通工具，航空公司及其代理人应无条件地给予退票。

知识角

在航班延误时旅客期望得到的服务

据民航资源网相关调查的统计数据（图 7-1）显示，旅客在遭遇航班延误后，最期望得到的服务就是航班具体的起飞时间以及航班延误情况的实时通报等。

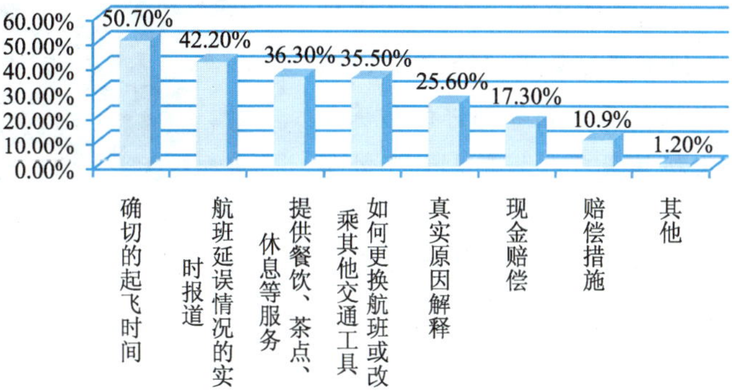

图 7-1　旅客在航班延误后期望得到的服务

（三）以诚恳的态度感染旅客

航班延误直接影响了旅客的出行计划，以致旅客焦急、烦躁等情绪油然而生。此时，哪怕是服务人员的一丁点失误，都可能引起事端。因此，在航班延误后，服务人员应秉承“以客为尊”的服务理念，以真诚、恳切的态度，面带微笑地为旅客服务，使服务如同缕缕春风，吹散旅客心中的愁结、烦闷与不快，以此来融洽关系，化解矛盾。

（四）以规范的程序应对意外状况

一方面，对于因机械故障或人为原因造成航班延误超过 4 小时以上的情况，航空公司要无条件地按照有关规定对旅客进行赔偿。另一方面，对于一些诸如“霸机”、冲击停机坪、无理取闹、搞打砸抢的个别不法旅客，民航企业要按照法律法规的有关规定，依法对其进行处理，为进一步搞好航班延误后的服务工作创造条件。

头脑风暴

强寒潮天气袭来，山航全力确保航班平稳运行

冬日的某个凌晨，我国中东部地区开始出现雨雪天气，后降雪范围及强度逐渐加大，0℃线南压至武夷山—南岭一线。

山东航空公司（简称“山航”）飞行部针对低温、冰雪、大风等天气特点，密切监视运行条件的变化，准确把握复杂运行条件下的运行标准与政策，加强人员的教育和提醒，确保无污染起飞。

山航工程技术公司加强对冬季低温期间常见飞行故障、多发性故障的监控排查力度，确保飞机适航，并重新梳理了各个基地及外站，尤其是南方机场的除防冰保障能力。与此同时，他们严格落实《除防冰大纲》的要求，做好飞机航后水箱等部件的防冻工作，并针对此次极端天气，提前制订了处置预案。

山航运营控制中心密切监视天气变化情况，及时发布预警信息，严格执行航班放行标准，制订应急处置预案，适时启动会商机制，加强与各分公司及相关决策部门的沟通协调，做好极端天气条件下的运行保障工作。

山航营销委与地服部结合春运特点，对在受影响的机场运行的航班进行了梳理，针对恶劣天气影响制订了处置预案，并根据客票销售情况，提前对有关航班进行了调整，在发生航班大面积延误时，及时通知旅客，提前做好旅客的安置与疏散工作。

问题：山航应对航班延误的策略有哪些是值得推广的？为什么？

任务实施

航班延误或取消时旅客服务案例分析

活动目的

深入领会航班延误与取消时旅客的心理，并掌握相应的应对策略。

活动准备

1. 全班同学分成若干小组（4～6 人一组）。

2. 以小组为单位，以某一家航空公司为对象（各小组所选的航空公司不要重复），搜集其近两年来出现的有关航班延误或取消事件的应对案例，并预先进行组内分享与讨论。

活动过程

1. 分享交流

每个小组推选两名代表发言，一名代表阐述航班延误或取消事件的基本情况以及旅客的反应，另一名代表阐述民航企业的应对策略、相关措施，及其取得的效果。

2. 讨论与反思

在案例中，旅客的举动反映出其哪些心理？民航企业的处理方式是否得当？你还有好的意见或建议吗？

任务二　学会正确对待旅客投诉

案例导入

民航服务质量监督平台旅客投诉处理合规率达95%以上

2021年9月1日起，《公共航空运输旅客服务管理规定》正式施行。民航局为深入落实规章相关要求，践行“真情服务”理念，进一步维护消费者的合法权益，于9月1日正式启用了民航服务质量监督平台(以下简称“平台”)，为旅客提供投诉、举报、政策法规检索、航空旅行常识查询和服务评价等“一站式”服务。

在平台的投诉模块中，旅客可对航空公司、机场、预订系统平台等不同主体进行投诉。截至2021年底，国内航空公司和机场的投诉响应率达到100%，旅客投诉处理合规率达到95%以上。平台优化了信息公示、催办提醒、自动审核等功能，旅客可对投诉处理情况进行全程跟踪，随时查询企业的具体回复情况，不仅大幅提高了投诉处理效率，还有效提升了投诉受理和处理工作的规范性。

在平台的举报模块中，旅客可对涉嫌违反民航服务法律、法规和规章的行为进行举报，民航局受理后将移交至相应的地区管理局予以调查处理，并在60日内在平台上回复调查结果，统一了受理和回复渠道，提升了工作效率。

下一步，民航局将持续优化12326民航服务质量监督平台，提升平台的智慧化服务水平，并进一步完善手机App的相关功能，为旅客提供更加便利的服务。

知识准备

扫一扫

如何避免旅客误机投诉

一、旅客投诉的原因

旅客投诉是指旅客通过信函、电话、来访等形式反映民航服务质量问题的活动。当旅客认为所得到的服务质量不能达到自己的期望时，就会产生投诉。在民航服务工作中，旅客投诉的原因大致可归结为以下几个方面。

（一）客观问题导致的旅客投诉

客观问题导致的投诉大多是由旅客在搭乘飞机出行的过程中遇到的现实问题造成的。例如，航班延误或取消影响了旅客的预计行程；机场设施设备缺乏或落后，不能提供有效的服务；机上设施设备存在故障，不舒适或不能使用；航班座位或班次太少，旅客无法买到机票；机上食物不新鲜或不卫生，对旅客的健康造成影响，等等。

（二）服务不周导致的旅客投诉

服务不周导致旅客投诉的事由主要是某些民航服务人员由于缺乏责任心，对待旅客马虎了事，对待工作粗枝大叶，因此没有完成旅客交代的工作；或某些民航服务人员的分内工作没有完成或没有做好。例如，服务人员在给旅客送饮料时，采用扔或丢的方式，或是让其他旅客代为传递等。

此外，当旅客遇到意外状况时，相关单位没有及时处理或处理不当，进而造成旅客不满；或服务人员态度恶劣、蛮横，对旅客不尊重或以貌取人，这些都必然引发旅客投诉。

个案厅

刘女士的正当投诉

刘女士怀抱婴儿乘坐飞机由乌鲁木齐飞往深圳，航班延误了三个小时，飞行了五个多小时。刘女士除了在起飞后向乘务员要了一杯热水外，全程没有接受过乘务员的任何关照，在飞机着陆，旅客们等待舱门打开的过程中，刘女士向安全员请求说由于怀抱婴儿行动不便，希望去前舱过道等待，安全员以前舱是公务舱为由拒绝了刘女士的请求，刘女士继续解释，但安全员不予理会。

在如此漫长的航程中，乘务员竟然没有对怀抱婴儿的年轻母亲提供必要的关心和照顾，令旅客感到民航服务缺乏人情味儿，乘务员严重缺乏服务意识。该航空公司一直以来为人称道的热情服务、细微服务、贴心服务在此次飞行中毫无体现，安全员生硬的语言、冰冷的表情更令旅客寒心到底。刘女士最终决定投诉。

（三）旅客自身原因导致的投诉

不同的旅客对民航服务的心理预期各不相同。由于旅客来自世界各地，其语言、生活环境和风俗习惯等存在差异，因此服务很难做到尽善尽美。此外，由于旅客的气质与性格不尽相同，旅客对服务质量与服务态度的心理感受也不相同。对于同样的服务，有些旅客表示满意，有些旅客却不满意。另外，当旅客自身存在消极情绪时，其心理感受和处理问题的方式也会比较消极。

问题窗

民航旅客投诉的常见原因有哪些？

二、旅客投诉的心理与表达方式

（一）旅客投诉的心理

1．求尊重心理

旅客作为消费者与被服务者，有权利获得价质相符的服务。由于每个人都有自尊心，都有维护自己利益的本能，因此，当旅客感到自己的利益受到侵害时，往往会成为投诉与冲突的导演者，他们希望得到尊重，希望有关人员、有关部门重视他们的意见，向他们表示歉意，并立即采取相应的处理措施等。

2．求平衡心理

旅客在遇到不顺心的事情后，会产生挫折感，进而会产生抵触、焦虑和愤怒等情绪。只有通过适当的方式将这些情绪宣泄出来，旅客的心情才能恢复平静。投诉便是一种有效的情绪发泄方式，通过口头或书面形式将自己的烦恼、愤怒表达出来后，旅客的挫折感就会减少，心情就会放松。

3．求补偿心理

旅客在遭受物质损失或精神损失后，大多希望能够得到一定的补偿。与此同时，随着人们维权意识的增强，旅客也越来越注重保护自己的权益。尤其是在航班不正常时，旅客求补偿的心理表现得更为突出。他们已不再满足于航空公司常规的免费餐饮、车辆、住宿等服务，而是会提出更高的补偿要求。如果达不到他们的期望，有的旅客甚至会失去理智，做出过激的行为。

4．求保护心理

旅客进行投诉是自我保护意识的体现，通过合法的途径揭发或控诉服务人员的违法违章行为，既是为旅客自己，也是为其他旅客寻求利益保护。投诉可以使民航监管部门、航空公司等单位重视旅客反映的问题，不断改进和提高服务质量，这样旅客才能在日后得到更加优质的民航服务。

（二）旅客投诉的不同表现

1. 理智讲道理

有些旅客在投诉时情绪比较平稳，他们力图以平和的语气和准确、清晰的表达，向受理投诉者陈述事件的经过以及自己的看法和要求，善于摆道理。

2. 火爆不留情

有些旅客很难抑制自己的情绪，往往在产生不满的那一刻就高声呼喊，言语不加修饰，做事不留情面。他们动作迅速、有力，对含糊其词和拖拉应付的工作作风深恶痛绝，希望能干脆利落地彻底解决问题。

3. 失望加痛心

有些旅客在投诉时情绪起伏较大，时而愤怒，时而遗憾，时而厉声质询，时而摇头叹息。他们对于事件的处理表示深深的失望，对自己遭受的损失痛心不已。这些旅客投诉的内容大多是其无法忍受的，或是希望通过投诉能获得某种程度的赔偿。

三、旅客投诉的应对措施

（一）旅客投诉的益处

旅客的投诉虽然有可能使服务人员感到尴尬和不快，但却可以帮助民航企业及时发现服务方面的缺陷。如果旅客的投诉能够得到满意的解决，还能有效地提高旅客对民航企业的好评度。民航服务、旅客投诉与企业发展的大致关系如图 7-2 所示。

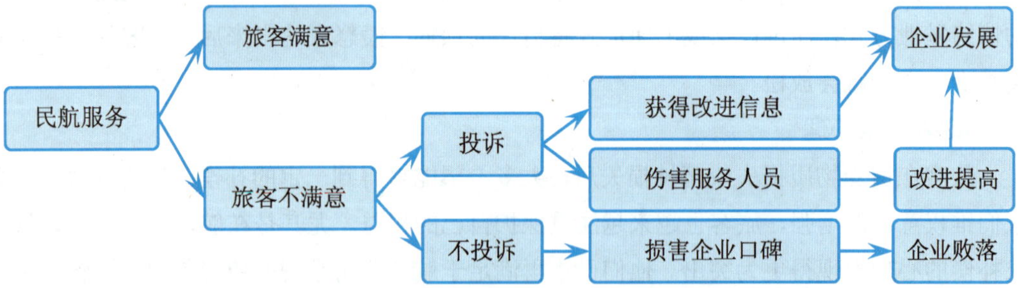

图 7-2　民航服务、旅客投诉与企业发展的大致关系

因此，对于那些投诉的旅客，民航服务人员应予以善待，抱着感谢的心情接受他们的意见，并迅速采取措施进行整改。

（二）做好充分的心理准备

1. 理解旅客

民航服务人员要站在旅客的立场上来换位思考，漠视旅客的痛苦是处理旅客投诉的大忌，只有在理解旅客的前提下，才能更好地沟通与解决问题。

2. 承担责任

在处理旅客投诉时，服务人员作为企业的代言人，应认识到自己是代表企业受理旅客投诉，将投诉处理视为自身的工作责任，积极主动地配合旅客。

3. 冷静耐心

旅客在投诉时，往往情绪比较激动，这时就需要服务人员在心理上保持冷静、克制，尽量保持自身精神愉悦，并将这项工作视为对自身能力的挑战，以激发起工作的斗志。

（三）按照正规的流程处理

1. 受理投诉

如果旅客在公共场所表现出激动的情绪，服务人员首先要使其平静下来，并将其带离公共场所，以免其他旅客围观而造成不良影响。在受理旅客的投诉时，无论旅客所述的问题是否已经被证实，都不要急于分清责任，而是先真诚地向旅客表示歉意，否则不但无助于平息旅客的愤怒情绪，反而会使旅客认为服务人员在敷衍而更加不满。

2. 倾听抱怨

当旅客诉说他们心中的怨愤时，服务人员要认真倾听，避免与其发生争执，并对他们的感受表示同情，这样才可以赢得他们的信任，进而为解决问题打下良好的基础，也有利于发现民航服务中存在的问题。若服务人员在此时随意插话或进行反驳，进而与旅客发生争执，只会火上浇油，适得其反，使问题更加难以处理。

3. 记录分析

服务人员在受理旅客投诉的过程中，必须认真了解事件的每一个细节，并将问题记录下来，以便于分析，同时对旅客表示感谢。分析问题时，服务人员要确定旅客投诉的理由是否充分，投诉要求是否合理。如果投诉成立，服务人员应立刻道歉，并采取相应的措施妥善处理。如果旅客的投诉并不成立，服务人员可以委婉地回复旅客，以取得旅客的理解，消除误会。

头脑风暴

倾听旅客的抱怨

一位公务舱旅客上机后就情绪不佳，乘务长细心观察并了解到该旅客是因为没有享受到专车接送的待遇才有此表现，就立即与地服人员核实情况。地服人员态度敷衍，声称没有专车接送该旅客的原因是其没有主动表明公务舱旅客的身份。与此同时，旅客发现有六名公务舱旅客是有专车接送的，于是勃然大怒，要进行投诉。

乘务长全程耐心倾听并认真记录旅客的意见，表示一定会向上级反映，并向旅客赠送礼品以示歉意。最终，乘务长凭借良好的服务态度，较强的责任意识和专业、敬业的精神感动了旅客。在负面情绪得到有效的发泄后，旅客的心情也大为好转。

问题：你认为乘务长对该旅客的抱怨所做的处理如何？如果你是乘务长，你会怎么做？

4. 解决问题

对于旅客投诉的问题，服务人员不能只是同情与理解，必须付诸行动，迅速给出方案，妥善解决旅客的问题，这样才算是完成了对旅客投诉的处理。若问题解决得好，旅客感到满意，则其以后自然还愿意选择这家航空公司的服务；如果敷衍了事，只会使旅客的不满升级，且以后可能不会再想选择这家航空公司的服务了。

如果问题一时解决不了，应向旅客说明原因，并留下旅客的姓名与联系方式，待问题解决后再回复旅客。

5. 跟踪结果

接待旅客投诉的服务人员往往会根据投诉的事由将问题交给相关部门解决。虽然不是自己直接去解决问题，但服务人员应对处理的结果进行跟踪，确定旅客投诉的问题得到了解决，然后告知旅客，并了解其对处理结果的意见等。这样的跟踪服务会让旅客感到民航企业的工作是以旅客为中心的，从而为旅客留下良好的印象。

任务实施

情境表演——旅客投诉的处理

活动目的

深入体会旅客投诉的心理，掌握民航旅客投诉的应对措施。

活动准备

1. 全班同学分成若干小组（3～5人一组）。
2. 各小组确定表演主题、分配角色、讨论剧情并编写剧本。

活动过程

1. 情境表演

各小组根据剧本内容进行表演。表演要体现出旅客不同的投诉心理（求尊重、求平衡、求补偿、求保护等）与表达方式（理智讲道理、火爆不留情、失望加痛心等）。

2. 讨论与反思

（1）各小组成员根据自身在表演过程中对知识的运用、小组表现及教师的评价总结实践活动的收获。

（2）观看表演的小组说一说观看体会。例如，“旅客”的投诉是否合理，“服务人员”的应对措施是否恰当，换作自己会如何处理。

任务三　掌握应对突发状况的方法

案例导入

旅行中的意外事件

案例一：张女士搭乘航班从台北飞往金门，因座椅破损，安全带掉落在了椅子下方。当她从狭缝中伸手下去捡拾安全带时，手肘因难以伸展而被刮伤，与此同时，座椅扶手的外层裂开，导致其内层锋利的钢材露出，勾破了她价值1 000元的牛仔裤。张女士将此事诉至法院，并获得了赔偿。

案例二：罗女士在某机场搭乘航班返回呼和浩特。在该机场，罗女士为行李办理了托运。在抵达呼和浩特后，罗女士发现行李中的3盒茶叶只剩下两盒。工作人员经称重比对，发现罗女士的行李在托运时的重量为7千克，而飞机到达目的地后，行李的重量为6千克，确实有物品遗失。对此，相关人员表示会查明原因，并给予相应的赔偿。

案例三：航班正点起飞。在飞机平飞大约20分钟后，一名女性旅客欲起身去卫生间，但她刚起身就突然摔倒，不省人事。机上两名医生与乘务员密切合作，将其成功救治。

知识准备

一、财物丢失时旅客的心理与民航服务

机场与飞机都是公共场所，旅客的财物一时找不到或被偷窃是很可能发生的事，旅客因此而产生激动的情绪是完全可以理解的，民航服务人员应当热心地帮助旅客解决好问题。

个案厅

给东航空姐的感谢信

各位东航的乘务员：

你们好！

非常抱歉拖了这么久才写这封感谢信！

本人于××××年××月××日乘坐MU5108次航班从北京飞回上海。我坐在候机厅休息时，把自己的电脑包靠在了背后。当起身去登机的时候，匆忙中就将电脑包遗落了，直到登机后我才察觉。

由于工作内容全部在电脑里，电脑本身也属于公司的财物，如果将其遗失，这个责任是巨大的，也是我难以承受的。

我第一时间询问了机上的乘务员。起初，一位姓张的乘务员非常热心地帮助了我，他详细地了解了我的情况并表示会向乘务长反映。但是我过于着急与紧张，5分钟后还没有得到回音就有些坐不住了，又去寻求其他乘务员的帮助。这次帮助我的是李聪颖乘务长，她也非常热心，详细地了解了我的情况，并当即找来了客舱经理王起平。在她们的安慰下，我焦躁的心情得以缓解。但直到飞机起飞前还没有找到电脑。

在飞行过程中，我的心情一直非常低落，也没有用餐，两位乘务长还特意询问我是否需要餐饮，并且再三宽慰我电脑会找到的，不用担心。

到达上海后，王经理依旧非常热心，告诉我多种寻找机场丢失物品的方法，并且表示她下一班航班飞回北京之后也会帮我寻找。

下午5点多，王经理在回到北京后，第一时间就帮我查找丢失的电脑包，找到后，立即打电话告诉我，并帮我把电脑包从北京托运到上海。

这一次的经历原本是我个人的过失，但是几位乘务员都十分热心地帮助我寻找丢失的物品，让我非常感动。在此我深深地向东航MU5108次航班的各位乘务员表示由衷的感谢，今后我会坚定地选择乘坐东航的飞机。

一位冒失的旅客敬上

××××年××月××日

（一）旅客财物丢失后的心理

对于旅客来说，在旅行中丢失财物是令人非常苦恼的事情，因为这势必会影响旅客在到达目的地后原定计划的顺利实施，如由文件丢失导致谈判无法顺利进行；衣物丢失可能会影响旅客的正常生活等。一般来说，旅客在丢失财物后通常有以下三种心理反应。

1. 着急心切

当旅客发现自己丢失了财物之后，第一反应就是想立刻找回所丢失的财物。一般来说，所丢失的物品越重要、价值越大，旅客越着急。

2. 需要帮助

当旅客确定自己丢失财物后，会希望得到民航服务人员的帮助，如帮忙广播寻物，介绍一些寻物的方法等。如果财物在短时间内无法找到，则旅客希望能有办法弥补；如果不能得到弥补，旅客也希望可以取得临时的财物帮助。

3. 对民航服务不满

由于财物是在旅行的过程中丢失的，很多旅客都会把责任首先归于民航企业，进而对民航企业产生不满情绪。例如，他们会抱怨民航服务人员在旅客下摆渡车时没有提醒旅客带好随身物品；机场的值机柜台设置得太远，跑去办理登机手续的过程中容易丢东西等。

（二）旅客财物丢失后的民航服务

在整个旅行过程中，无论是客舱服务人员还是地勤服务人员，都需要时时提醒旅客看管好自己的行李物品。一旦旅客的财物发生丢失，民航服务人员要做好以下两个方面的工作。

1. 表现出同情与关心

对丢失财物的旅客，服务人员要表现出同情与关心，耐心安慰旅客，使其情绪稳定，并努力帮助旅客寻找遗失物品。在问题处理的过程中，对于旅客的负面情绪与不理智的言行举止，服务人员要给予充分的理解，多听少说，从而在一定程度上缓解旅客的焦虑情绪。

2. 给出解决问题的办法

如果一时找不到遗失的物品，服务人员应仔细询问旅客当时存放财物的位置及相关情况，并当面登记有关的信息，然后通知有关部门协助查找。如果仍然无法找到，则请旅客留下姓名与联系方式等，以便有消息时及时与之联系。

二、损坏物品后旅客的心理与民航服务

损坏物品有两种情况，一种是旅客的物品被损坏，如衣物被污损、划破，行李有破损

等；另一种是旅客损坏了机场或飞机上的公共财物，如打碎了杯盘，弄断了手柄等。无论是谁的物品被损坏，都会引起旅客的情绪波动，如果处理不好，很容易产生冲突。

（一）旅客物品被损坏后的心理与民航服务

旅客的物品被损坏大多是由民航服务的失误造成的，此时，旅客一方面会感到可惜，另一方面则会感到气愤，指责民航服务人员，同时大多会要求赔偿。

民航服务人员在遇到这种情况时，首先要向旅客道歉，如果当时可以补救，则要及时、尽快地补救，并请求旅客原谅。如果当时不能补救，则要表明会尽量弥补对旅客造成的损失。期间，民航服务人员对于旅客的激动情绪或责骂等不要太在意，更不要推卸责任，避免引起旅客更大的不满。

个案厅

旅客因身上被洒可乐而霸机索赔

某日凌晨，由成都经停武汉飞往晋江的某航班上，由飞机突遇气流产生颠簸导致乘务员在给旅客倒可乐时，不小心将其洒在了一名旅客身上，弄脏了旅客的衣服，乘务员立即向旅客道歉，并将该旅客升级到头等舱，然后将她的衣服清洗烘干，请求旅客原谅。此时，该旅客的情绪仍未平复，说自己的衣服有污损，没洗干净，而且衣服价值不菲，因此提出索赔 3 000 元的要求，并在航班到达武汉后拒绝下飞机。

了解情况后，民警告诉这位旅客："您有权维护您的合法权益，公安机关也会帮您协调，但是考虑到外面还有几十名旅客等待登机，且飞机上还有抱婴儿的旅客，请您下飞机我们一起解决（问题）。另外，强占航空器是违法行为。"该旅客这才愿意走下飞机，此时距其他旅客下机已过去 20 多分钟。

在旅客下机后，调解仍在继续。航空公司的工作人员提出买一件一模一样的新衣服赔给旅客，但该旅客表示这件衣服已经买不到了。随后，工作人员要其提供衣服的发票，按发票上的价款进行赔偿，该旅客称发票已经丢失。经过民警两个小时的调解，航空公司最终赔偿了该旅客 1 000 元。

（二）旅客损坏物品后的心理与民航服务

通常，旅客在损坏物品后会产生两种情绪反应：一种是归咎于民航企业；另一种是对自己损坏的物品感到可惜并怀有歉意。这时，民航服务人员应做好以下工作，并根据情况灵活处理。

如果旅客并非故意损坏物品，而是不小心导致的，民航服务人员一是应当收拾好破碎的物品；二是要对旅客的失误表示同情，不要指责或批评旅客，避免旅客难堪；三是根据具体的情况与民航有关财产赔偿的具体规定及工作程序，决定是否需要赔偿，以及如何进行赔偿。

如果旅客是因为醉酒失态而造成物品损坏，不仅应要求其赔偿，还要进行警告；如果旅客是故意损坏，应注意不要在公共场合与其争辩，但要按照规定严肃处理。

三、突发疾病时旅客的心理与民航服务

在旅行过程中，由于各种原因，旅客突然发病的情况时有发生。此时，无论发病旅客是否有生命危险，都会使其他旅客感到恐慌，如果服务人员能够很好地处理这一情况，会为航空公司赢得良好的口碑。

（一）旅客突发疾病的需求与心理

当旅客发病时，其身体会感到不适，通常会渴望得到服务人员的照顾、帮助和关心。但是如果旅客的疾病不是很严重，且有自备药品，则有些旅客出于自尊心的需要，不愿意让别人询问自己的病情或被特殊关照。

（二）旅客突发疾病的处理办法

遇到旅客突发疾病的情况，民航服务人员应给予及时的照顾与关怀，具体要做到以下几点。

1. 保持镇静

当旅客突发疾病时，民航服务人员一定不能惊慌，应先询问旅客或陪同家属，旅客本人是否发生过此类症状，是否有相应的随身药品。

2. 启动紧急救护预案

若旅客需要专业救治，民航服务人员应马上通知有关部门与医务人员，并采取紧急救护措施。

3. 不要随意判断

民航服务人员（非专业人员）不要随意判断旅客的病情，也不要随意下结论，更不能自作主张给病人吃药。

4. 不要随意挪动

如果旅客发生昏厥或摔倒，服务人员不要随意挪动旅客。如果服务人员觉得旅客躺在原地容易引起其他人的不安，可以用屏风把病者围起来。

个案厅

旅客高空突发不适，乘务组成功救助

在东航由上海浦东飞往柬埔寨暹粒的航班上，乘务员韩靖巡视客舱到后舱时，发现有一位 40 岁左右的女性旅客脸色煞白、满头是汗，颤巍巍地扶着座椅靠背站在厕所旁，遂上前询问其是否不舒服。该旅客有气无力地回答：“我浑身没劲，冒虚汗。”乘务员韩靖赶紧扶着旅客在最后一排座位坐下，并通知前舱广播寻找医生。乘务员为旅客测得其脉搏为 60 次/分，当问其是否有其他病史时，该旅客表示：“正值月经期，曾有过低血糖。”听后，乘务员立刻为其冲了一杯温糖水让其喝下，然后放倒扶手让旅客平躺在座位上。乘务组还安慰该旅客，让她不用担心，乘务员会陪在她身边随时照顾，并询问其是否需要吸氧，旅客表示不需要。10 分钟后，该旅客的症状有所缓解并逐渐恢复正常，脉搏也有所改善，乘务员又为其提供了一杯温开水。

飞机开始下降时，该旅客已经恢复常态，她对乘务组的细心照顾非常感谢，同时表示：“幸亏有你们在，要不还不知道会发生什么事情，你们照顾得这么好这么细心，真不知道该怎么感谢。”乘务员微笑着说：“这是我们应该做的。”并提醒旅客要注意休息，不要太劳累。

旅客突发疾病时，专业的急救知识与遇事沉着冷静是每一名乘务员必备的素质，再加上良好的团队合作精神，一定能使客舱服务工作做得更出色。

四、旅客偷拿物品的心理与民航服务

民航服务相关的工具或用品等由于款式和做工通常比较精巧和别致，会引发个别旅客想将其据为己有的念头。如果任由旅客将其拿走，则会增加民航企业的运营成本。此时若服务人员直接开口索要，则势必会让旅客难堪。因此，服务人员在面对旅客偷拿物品时，要充分考虑旅客的心理，妥善处理。

（一）旅客偷拿物品的心理

有些旅客出于好奇或喜爱，可能会将一些小物件擅自拿走。如果旅客认为这些物品是可以拿走的或是拿走后不会被民航服务人员发现，那么旅客的内心会有一些窃喜；但如果偷拿物品的行为被发现且被告知物品不能随意拿走，旅客会觉得尴尬或羞愧。

（二）旅客偷拿物品后的民航服务

当民航服务人员发现旅客偷拿物品时，绝对不能大声喊叫，也不能态度强硬地要求旅客当场把物品交出来。服务人员若是强行命令旅客，容易把事情弄砸，甚至会刺激旅客做出不理智的行为，以致干扰了正常的服务秩序与平和的服务气氛。遇到这种情况，服务人员应讲究策略与方法，灵活应对，巧妙地解决问题。

个案厅

两名旅客偷拿飞机上的救生物品

某日晚，由上海飞来的航班降落在襄阳机场，旅客们下飞机后依次通过安全通道。安检人员张晓刚在例行检查时发现，两名旅客的行李包里装有疑似飞机上的救生物品的东西，于是要求旅客做进一步开包检查。

当旅客打开行李包后，张晓刚发现包内装有飞机上专用的救生衣、氧气面罩，当即向机场派出所报警。

民警闻讯赶来，控制了这两名旅客。“我们也没多想，就是对这个东西很好奇，想带回家‘研究’一下。”两名旅客连忙向民警解释，主动认错，并归还了救生物品。民警对两名旅客进行现场教育后放行。

五、旅客之间发生冲突的心理与民航服务

由于各种各样的原因，旅客之间难免会产生一些矛盾与纠纷，甚至大打出手。这种情况势必会影响民航工作的正常秩序，造成旅客围观，影响极坏。

（一）旅客之间发生冲突的心理

旅客大多互不相识，引起冲突的概率极小。旅客之间的冲突大多是因小事而起，你一言我一语，互不相让，双方因为好胜、要面子，矛盾会愈演愈烈。当最终演变成为冲突时，旅客大多已经失去理智，事件难以平息。

头脑风暴

插队引起的突发事件

在海口美兰机场的出发大厅，旅客们正在排队办理登机手续。来海南旅游的王某、刘某及他们的家人也在排队的旅客中，准备乘坐航班返回黑龙江。当王某与刘某发现排错了值机柜台后，担心会赶不上飞机，便直接插队到旁边的值机柜台办理值机手续。这一行为引来了在后面排队的一对重庆夫妇的不满。

然而，王某与刘某却态度蛮横，恶语相向，继而挥拳殴打了这对重庆夫妇，造成二人身体多处软组织挫伤。

海口机场公安分局依据《中华人民共和国治安管理处罚法》的规定，依法对王某与刘某处以治安拘留 15 日的处罚，对在行凶过程中帮忙的刘某妻子给予罚款 200 元的处罚。

问题：案例中的旅客有哪些心理？如果你是服务人员会如何处理？

（二）旅客之间发生冲突的民航服务

遇到旅客之间发生冲突时，民航服务人员应该立即上前制止，并报告给上级。如果闹事者不听劝告，继续斗殴，且情况比较严重的，服务人员应马上报告公安机关，请公安民警采取适当的措施阻止事态的发展，以维护机场与飞机上的秩序与安全。

服务人员在劝阻旅客之间的冲突时要注意方式方法，应在态度上尊重双方，措辞适当，自己不要介入纠纷中去，不要去评判谁是谁非。

任务实施

街头采访：民航旅客遭遇突发事件的心理状态

实施步骤

（1）全班同学分成若干小组，每组 4～6 人，并推选出小组长。

（2）组长组织小组成员在街头随机采访不同年龄段的路人，请他们谈一谈自己在搭乘飞机出行的过程中遇到的突发事件（亲历的或旁观的均可），服务人员的应对措施，以及自己当时的心理反映等。

（3）街头采访结束后，各小组总结采访资料，并由小组长进行课堂汇报，汇报形式不限。

（4）教师对各小组的表现进行点评。

精业笃行

东航乘务员在春节坚守工作岗位

春节是中国的传统佳节。这一天，家人齐聚一堂，辞旧迎新，表达对新一年的热切期盼和美好祝福。在外奔波的人，不管身处何方，哪怕与家乡相隔万水千山，也要不辞辛苦，踏上归家的路。随之而来的春运，被誉为人类历史上规模最大的、周期性的人类大迁徙。每到这段时间，各种交通运输方式将迎来运输高峰。航空运输也在春运期间承担着更加艰巨和繁忙的运输任务。

春节当天，中国东方航空的乘务员们依然坚守在工作岗位上。相比往日的飞行服务，春节飞行的乘务员们要面对大客流的压力。旅客人数增多，意味着服务时间的延长；初次乘坐飞机的旅客，需要特别的帮助与关注；老人和孩子，需要耐心的交流与照顾；为了保障航班准点，需要及时安排与监控大量的旅客行李；为了使转机旅客的出行更加便利，需要为其提供尽可能全面的换乘信息……旅客一路奔波辛苦，能用贴心的服务让他们在短暂的飞行中得到休息，是乘务员最大的愿望。

航班落地后，旅客们就离家人又近了一步。而对于工作在一线的乘务员来说，却无法享受春节的团聚。乘务员们像往常一样默默守在自己的岗位上，用体贴亲切的问候，无微不至的关怀，守护着归家路上的旅客们。护送旅客平安落地，是民航人始终不变的承诺与坚守。

（资料来源：民航资源网，
http://news.carnoc.com/list/390/390377.html，有改动）

实践活动

情境模拟——突发事件的处理

活动概述

为了更加全面地掌握突发事件中的旅客心理及其应对策略，请学生根据所学知识，分组排演民航服务小品剧，然后在班级内进行表演，其他小组和教师认真观看并进行点评。

活动准备

1. 全班同学分成若干小组（3～5人一组），各小组选出一名组长。

2. 组长组织各小组成员选定一种突发事件作为小品剧的表演情境，然后分配角色，并将具体分工填写在表7-1中。

表 7-1　小组成员及分工情况

<table>
<tr><td>班级</td><td></td><td>组号</td><td colspan="2"></td><td>指导教师</td><td></td></tr>
<tr><td>小组成员</td><td>姓名</td><td>学号</td><td colspan="4">任务分工</td></tr>
<tr><td>组长</td><td></td><td></td><td colspan="4"></td></tr>
<tr><td rowspan="4">组员</td><td></td><td></td><td colspan="4"></td></tr>
<tr><td></td><td></td><td colspan="4"></td></tr>
<tr><td></td><td></td><td colspan="4"></td></tr>
<tr><td></td><td></td><td colspan="4"></td></tr>
</table>

活动过程

各小组根据表 7-2 所示的活动内容及活动要点实施活动。

表 7-2　活动实施要点

活动流程	活动内容及活动要点
编写剧本	各小组按照任务分工，讨论剧情并编写剧本
情境表演	各小组根据剧本内容进行表演，其他小组认真观看并做好记录
讨论与总结	（1）各小组成员根据自身在表演过程中对知识的运用、小组表现及教师的评价总结实践活动的收获 （2）观看表演的小组谈一谈心得体会，例如，“服务人员”对事件的处理是否妥当，为什么？如果你是旅客，你会如何表现旅客的心理，以及期望服务人员做出的反应。如果你是服务人员，你会如何揣测旅客的心理，又会如何做

活动评价

各组配合指导老师对活动的实施情况进行评价，并填写在表 7-3 所示的考核评价表中。

表 7-3　考核评价表

<table>
<tr><td rowspan="2">考核内容</td><td rowspan="2">评价标准</td><td rowspan="2">分值</td><td colspan="3">评价分数</td></tr>
<tr><td>自评</td><td>互评</td><td>师评</td></tr>
<tr><td rowspan="4">知识与技能评价</td><td>（1）剧情完整、贴近现实</td><td>10</td><td></td><td></td><td></td></tr>
<tr><td>（2）能够准确地表现出旅客的心理</td><td>20</td><td></td><td></td><td></td></tr>
<tr><td>（3）能够对突发事件进行妥当的处置</td><td>20</td><td></td><td></td><td></td></tr>
<tr><td>（4）能从情景表演中吸取经验教训，提高自身服务水平</td><td>10</td><td></td><td></td><td></td></tr>
<tr><td rowspan="4">综合素养评价</td><td>（1）仪容仪表得体</td><td>10</td><td></td><td></td><td></td></tr>
<tr><td>（2）表演自然、表达流畅且逻辑清晰</td><td>10</td><td></td><td></td><td></td></tr>
<tr><td>（3）具备团队精神，能够积极与他人合作</td><td>10</td><td></td><td></td><td></td></tr>
<tr><td>（4）态度积极、认真参与实践活动</td><td>10</td><td></td><td></td><td></td></tr>
<tr><td colspan="2">合计</td><td>100</td><td></td><td></td><td></td></tr>
<tr><td>总评</td><td>自评（25%）+互评（25%）+师评（50%）=</td><td colspan="4">教师（签名）：</td></tr>
</table>

综合测验

一、不定项选择题

1. 航班延误与取消的影响因素有（　　）。

A. 天气　　B. 机械故障

C. 设备条件　　D. 保障工作

2. 旅客往往会抱着（　　）等心理来投诉。

A. 求尊重　　B. 求平衡

C. 求补偿　　D. 求保护

3. 旅客损坏物品后的心理可能是（　　）。

A. 气愤，责怪服务人员　　B. 归咎于民航企业

C. 对损坏的物品感到可惜　　D. 要求赔偿

4. 旅客突然生病，民航服务人员应该（　　）。

A. 保持镇静　　B. 启动紧急救护预案

C. 不要随意判断病情　　D. 不要随意挪动旅客

二、填空题

1. ____________________对民航企业而言是极其宝贵的信息来源，能够给企业带来莫大的益处。

2. 有些旅客出于________________________________，可能会将一些小物件擅自拿走。

三、简答题

1. 简述航班延误与取消时旅客的心理。

2. 简述航班延误与取消时的应对策略。

3. 简述旅客之间发生冲突的应对策略。

四、案例分析题

阅读下面的案例，回答问题。

张先生的投诉

某日凌晨01:30左右，天津旅客张先生打电话投诉，声称自己与其他20名天津旅客被滞留在长沙机场。“本来是昨天21:10的航班，可飞机今天凌晨01:00左右才到。我本想登机，但却没来得及，因为飞机在5分钟后就要起飞了！而此时，还有旅客在候机室睡着，根本不知道。”值班人员接到电话后立刻转交航空公司相关人员处理。

航空公司的工作人员表示，这 21 名旅客乘坐的是从昆明经长沙飞往天津的航班。当时由于昆明下雪，飞机又发生了机械故障，所以延误了起飞时间。飞机在凌晨 00:40 落地长沙，20 分钟后已有 23 名旅客成功登机，在乘务人员一再催促无果的情况下，飞机被迫于凌晨 01:23 关闭舱门准备起飞。航空公司已经按照相关规定为 5 名旅客办理了退票，滞留的 21 名旅客也于当日凌晨被安排住进酒店，并于当日上午改签其他航班飞抵北京后，乘车返津，相关费用均由航空公司承担。

问题：（1）案例中的旅客在投诉时有哪些表现？反映出其怎样的心理？

（2）民航服务人员是如何处理旅客投诉的，是否妥当？

项目学习总结与思考

学习要点与难点	
待（未）解决的问题	
拟解决的方法	
已解决的问题	
经验总结	
学习心得	
思想感悟	

项目八

积极面对——塑造健康心理

项目导读

民航服务人员既负有民航安全的重大责任，又要有服务行业的细致周到，这就要求民航从业者需要具备优异的心理资本——良好的心理能力、过硬的心理素质和健康快乐的心灵，以满足民航服务工作与个人发展的需要。

学习任务清单

学习目标	学习内容	目标是否达成		备注
		达成	未达成	
素质目标	培养爱岗敬业、吃苦耐劳的品质和不计得失、乐于奉献的精神	□	□	
	培养积极向上的人生态度	□	□	
知识目标	了解影响民航服务人员心理健康的因素与保持心理健康的策略	□	□	
	了解工作压力及其产生的原因	□	□	
	掌握防止职业倦怠的措施	□	□	
	掌握应对挫折的措施	□	□	
能力目标	能够用适当的方法缓解工作压力	□	□	
	学会面对挫折	□	□	

任务一 关注民航服务人员的心理健康

案例导入

民航东北空管局密切关注航空管制员的心理健康

航空管制员的心理素质在飞行安全保障中发挥着非常重要的作用。为此，民航东北空管局多年来坚持聘请心理学专家对所属沈阳、大连、长春和哈尔滨的200余名管制员分批次地进行心理素质测评和咨询，以增强管制员的心理健康意识、提高管制员的心理品质，培养适应空管发展需要的高素质人才。

心理素质测评和咨询工作由调研、心理测评、心理咨询、心理学知识培训和心理训练五个部分组成。在调研工作中，专家们首先与管制员进行了个别、小组和中层管理者小组三个层次的深度访谈，再在访谈的基础上设计并下发了“东北空管局管制员基本状况调查问卷”，以了解管制员的基本情况、兴趣和态度。

摸清情况后，专家们本着突出重点，体现管制特色的原则，选择了对管制员来说至关重要的性格特征、气质类型、心理健康水平、反应能力和抗干扰能力等项目对塔台管制室、区域管制室、航行服务报告室和管制监察室的管制员进行了心理测评，并针对性格特征和心理健康水平两项测评结果对他们进行一对一的心理咨询，从而帮助管制员了解自己的性格特点和目前的心理健康水平。与此同时，专家们也帮助管制员改善自身性格中的弱点。对于心理健康存在一定问题的管制员，专家们则与之进行深入的交流，了解他们的症结所在，并提供有针对性的建议，帮助他们缓解压力、排除困扰，以愉快的心情投入工作。

知识准备

民航服务人员在工作过程中可能会遇到形形色色的旅客和千奇百怪的问题，这就对服务人员的心理素质提出了较高的要求，且需要其长期保持心理健康状态。因此，关注民航服务人员的心理健康，提高民航服务人员的心理素质是一项重要且长期的工作。

一、心理健康与亚健康

（一）心理健康

心理健康是指心理的各个方面及活动过程处于一种良好或正常的状态。心理健康的理想状态是保持性格完好、智力正常、认知正确、情感适当、意志合理、态度积极、行为恰当、适应良好的状态。结合民航工作的特点，民航服务人员心理健康的标准可概括为以下几点。

1. 了解和接纳自己，能够客观地评价自己

一名心理健康的民航服务人员能够正确看待和认识现实中的自己，既能对自己的缺点有充分的认识，又能肯定自己的优点，体会到自己存在的价值，对自己的能力、性格和特点能够做出恰当与客观的评价。

2. 个性发展均衡，乐于接受变化

对于心理健康的人来说，其个性中的气质、性格和能力特征等能够均衡地发展，能采取恰当、灵活的方式待人接物，对外界刺激很少有偏激行为。此外，心理健康的人还表现为乐于接受新思想和新事物，愿意接受变化。他们能够做到言行一致、表里如一，又能理解、尊重他人。

3. 适应能力强，能够正视并接受现实

较强的适应能力是心理健康的重要指标。因此，心理健康的民航服务人员能够正视现实、接受现实，并能够积极、主动地适应现实、改造现实，而不是逃避现实。他们能够客观地看待周围的事物和环境，积极地应对生活和工作中出现的各种困难和挑战，其思想与行动都与社会的要求相符合，能跟上时代发展的步伐。

4. 人际关系和谐

心理健康的民航服务人员乐于与人交往，在客我交往中能够认可对方意见的作用和重要性。他们与人交往的态度端正且积极，能够客观地看待和评价他人，并能够宽以待人、乐于助人。

知识角

心理健康的 10 条标准

心理学家提出了心理健康的 10 条标准，具体如下。

（1）有足够的安全感。

（2）能充分地了解自己，并能对自己的能力做出适当的评价。

（3）生活理想切合实际。

（4）不脱离周围的现实环境。

（5）能保持个性的和谐与完整。

（6）善于从经验中学习。

（7）能保持良好的人际关系。

（8）能适度地发泄情绪和控制情绪。

（9）在符合集体要求的前提下，能有限度地发挥自己的个性。

（10）在不违背社会规范的前提下，能恰当地满足个人的基本需求。

上述标准只是一个相对的标准，要科学、正确地判断一个人的心理是否健康，判断一种行为是不是健康心理的表现，还需要考虑这个人所处的时代、文化背景，以及年龄、情境等各方面的因素。

扫一扫

心理健康的 10 条标准

（二）心理亚健康

心理亚健康是指在环境的影响下由自身的心理特征造成的健康问题，是介于心理健康和心理疾病之间的中间状态。心理亚健康主要表现为不明原因的脑力疲劳、情感障碍、思维紊乱、恐慌、焦虑、自卑以及神经质等。

事实上，心理亚健康状态在人群中普遍存在，其会导致人们工作效率降低，社会适应能力下降，人际关系不和谐，还会造成人在认识和决策上产生偏差，对个人、家庭和他人造成不应有的伤害，严重影响着人们的生活质量。

个案厅

乘务员可能出现的心理问题

乘务员大多拥有出众的相貌与身材，享受优厚的薪资、福利和舒适的工作环境等，这使得个别乘务员产生了骄傲自满、高人一等的心理。与此同时，乘务员在工作中不仅要承担繁杂而琐碎的劳动，还要不时地承受一些来自旅客的刁难与挑剔；尤其是遇到航班延误、流量控制等情况的时候，很多旅客会把一肚子的怒火全部发泄在乘务员身上……理想与现实之间的巨大落差容易使乘务员产生各种心理问题，进而使其长期处于心理亚健康状态。

二、心理健康的影响因素

对于即将或正在从事民航服务工作的人员来说，影响其心理健康的主要因素是个体的适应问题，具体表现在以下几个方面。

（一）人际适应

民航服务人员的人际适应主要包括工作关系适应、家庭关系适应、友情关系适应和熟人关系适应等。

在工作中，民航服务人员需要适应的关系包括同事关系、上下级关系和师生关系等。有的人一想到工作就心情不好，也常常在工作中出现差错，导致这些问题产生的一个很重要的原因就是工作关系适应出现了问题。

家庭关系包括夫妻关系、亲子关系、手足关系及各种亲戚关系等。如果这些关系处理不好，人的生活质量就会受到重大的影响，心情自然就会受到负面情绪的侵蚀。

友情是人与人之间超过血缘和地缘的情感。当人们遇到烦恼和忧愁时，友情会成为增强信心、克服困难的精神力量，其重要性不言而喻。如果友情关系出了问题，人就会感到苦恼、不安、担忧等，时间久了，就有可能产生心理问题。

熟人关系包括同学关系和邻里关系等。熟人关系看似是人际关系中最松散的一种，但却是最容易困扰人们情绪的一种人际关系。因为这种关系在生活中出现的频率最高，因此难免产生误解和摩擦，从而影响人的心情。

（二）环境适应

人的一生会因升学、就业、结婚、搬迁或调任等经历使自身的生活环境发生变化。无论这些生活经历是好是坏，人们都存在环境适应问题。例如，一位乘务员自参加工作以来连续多年都在 A380 客机上服务，一旦调其去另一种型号的飞机上工作，他就必然会产生环境适应问题。对新环境适应较快的人能够迅速有所发展；而不适应新环境的人，则有可能产生大量的负面情绪，进而对自己的工作和生活造成影响。

（三）自我适应

自我适应包括对自己身心发育过程的适应，如从小到大再到老；对自己社会角色的适应，如从子女到配偶到父母再到祖父母等；还有在不断的自我发现中的适应，如对自己局限性和潜能的发现；以及对自己不断增长的欲望的适应等。在人生的各个发展阶段，很多困扰都是由于人的自我适应没有调节好而引发的，很多心理问题产生的根源也都在于此。

知识角

飞行事故的成因

民航局发布的《飞行员心理健康指南》中明确指出：“国际航空运输协会调查表明，80%～90%的飞行事故是由人的因素导致的。”因此，民航局要求航空公司应通过定期体检、个别或团体访谈、机组成员间的相互观察等方式，对飞行员开展心理疏导。

三、保持心理健康的策略

民航服务人员要想保持心理健康，应对以下几个方面予以重视。

（一）培养健全的人格

人格是心理健康与否的重要标志。因此，培养健全的人格对于保持心理健康来说尤为重要。为此，民航服务人员应做到以下几点。

（1）确立正确的世界观、人生观、价值观，有崇高的理想境界和高尚的道德情操。

（2）培养爱国主义和集体主义精神，要助人为乐、与人为善。

（3）培养敢于面对现实、正视现实、求真务实的态度和开拓进取的精神。

（4）培养坚强的意志力，以及胜不骄、败不馁的意志品质。

（5）培养艰苦奋斗、勤奋工作（学习）、勇于追求真理的精神品质。

（6）培养谦虚谨慎、沉着稳重、敢于自我批评的良好品质，努力使自己的言行举止与社会要求相适应。

（7）培养开朗、豁达的性格，保持乐观、积极的心态。

（8）培养广泛的兴趣爱好，以愉悦生活、充实精神，以及增强适应环境的能力。

（二）了解并接纳自己

民航服务人员对自己各方面的现状都应做到心中有数，做到自我评价客观、真实，唯有如此，方能使自己头脑清醒，同时也能够促进心理健康的发展。要做到正确了解、接纳自我，应注意以下两点。

1. 全面了解自己

民航服务人员应该从多个方面、多种途径来了解自己。例如，民航服务人员既要了解自己的外在形象（外貌、举止、谈吐），也要了解自己的内在素质（学识、能力、道德）；既要看到自己的优点和长处，也要看到自己的缺点和不足；既要了解别人对自己的评价、别人与自己的差别，也要正确认识个人与集体和社会的关系等。

2. 正视自己的不足

每个人都存在着或多或少的不足之处。就不足而言，有的不足若不及早改正，就会毁掉一个人的一生；而有的不足是小节，对于处世并无大碍，所以，民航服务人员要了解自己并正视自己的不足。只有这样，民航服务人员才能坦荡自如，才能尽早找到走向奋斗目标的航向，才能超越挫折，找到开启成功之门的钥匙。另外，民航服务人员不要刻意地去追求完美，要在全面了解自己的基础上，将不利因素转化为有利因素，让不足向着好的方向发展。

（三）提高社会适应能力

一个心理健康的人一定是一个社会适应能力良好的人。社会的飞速发展必然带来物质生活、精神生活、社会观念和生活方式的巨大变化，民航服务人员应加强学习、与时俱进、跟上时代的步伐。提高社会适应能力的具体方法有：① 有目的地参与一些有益的社会实践活动，有意识地锻炼自己；② 在遇到矛盾和冲突时积极调整自我，并提高应对的技巧；③ 利用社会支持系统，积极寻求他人的帮助。

（四）保持积极的心态

乐观、向上的精神和积极的情绪状态是保持心理健康的一个重要条件。其有利于个人经受住来自各个方面的考验，有利于锻炼个人应付与战胜困难和挫折的能力，使身心少受伤害。具体来说，保持积极的心态主要表现在以下几个方面：① 对个人和团队的目标、价值观等具有坚定不移的信念；② 勇敢地迎接变化和新的任务；③ 对自己的工作具有强烈的感情和浓厚的兴趣；④ 全心全意地完成工作或处理事务；⑤ 始终对未来充满憧憬和希望，全力以赴地投入。

（五）建立和谐的人际关系

交往双方在个性、态度、情感等方面的融洽或不融洽、相互吸引或相互排斥，必然会导致双方人际关系的亲密或疏远。

和谐人际关系的建立需要遵循以下几个原则：① 尊重他人，每个人的秉性不同，爱好各异，要互相尊重，平等待人；② 热心助人，不见利忘义，当他人有困难时，热情地给予帮助，不可坐视不管，更不能落井下石，见利忘义；③ 诚实守信，不贪图虚名，诚实是做人的基本要求，也是建立良好人际关系的重要条件，守信就是恪守信用，言行一致，不言过其实。

（六）参加有益的活动

有益的活动包括健康的文化娱乐活动、体育活动、旅游和公益劳动等。经常参加有益的活动能够愉悦身心、增长见识、锻炼身体和调节心理机能。此外，积极参与社会活动，还可以帮助个人扩大人际交往范围，使个人在与他人的交往中互相沟通、增进理解，并促进心理的健康发展。同时也使个人感到自己是集体的一分子，增强个人的归属感和安全感。

头脑风暴

空中乘务员的日志

在一次飞行过程中，一位东北“大汉”上了飞机就嚷嚷着要喝三杯水，乘务员微笑地对他说：“不着急，保证让您吃好喝好！”大汉回道：“小伙儿这服务做得挺好。”乘务员用流利的东北话回：“必须的，您就是我的上帝！”此后的航程中，只要这位旅客一招手，乘务员就立刻面带微笑地出现在他的面前，并热情地与他互动。旅客在下飞机前说：“我就稀罕你这样的乘务员，坐过这么多次飞机，你是唯一能始终保持微笑的空乘，唯一让我能排解掉航班延误带来的不愉快的空乘！”乘务员回道：“是弟弟的荣幸！”

问题：案例中的乘务员的心理是否健康？请分析他为什么能赢得旅客的赞许。

任务实施

心理测试：你的心理健康吗

你的心理健康吗？让我们来做个测试吧！下面是 40 道有关大学生心理健康的问题，如果你感到“经常是”，标记“√”；“偶尔是”，标记“△”；“完全没有”，标记“×”。

测试题目

1. 平时不知为什么总觉得心慌意乱、坐立不安。（　　）
2. 上床后怎么也睡不着，即使睡着也容易惊醒。（　　）
3. 经常做噩梦，惊恐不安，早晨醒来就感到倦怠无力、焦虑烦躁。（　　）
4. 入睡后经常会醒，醒后很难再入睡。（　　）
5. 学习常使自己感到烦躁，讨厌学习。（　　）
6. 读书、看报和课堂学习时不能专心致志，往往自己也搞不清在想什么。（　　）

7. 遇到不称心的事情便较长时间地沉默寡言。（　　）
8. 感到很多事情不称心，无端发火。（　　）
9. 哪怕是一件小事情，也总是放不下，整日思索。（　　）
10. 感到现实生活中没有什么事情能引起自己的兴趣，郁郁寡欢。（　　）
11. 老师讲课常常听不懂，有时懂得快忘得也快。（　　）
12. 遇到问题常常举棋不定，迟疑再三。（　　）
13. 经常与人争吵发火，过后又后悔不已。（　　）
14. 经常追悔自己做过的事，有内疚感。（　　）
15. 面临考试，即使有准备也会紧张、焦虑。（　　）
16. 一遇到挫折便心灰意冷，丧失信心。（　　）
17. 非常害怕失败，行动前总是提心吊胆、畏首畏尾。（　　）
18. 感情脆弱，稍不顺心就暗自流泪。（　　）
19. 自己瞧不起自己，觉得别人总在嘲笑自己。（　　）
20. 喜欢跟比自己年幼或能力不如自己的人一起游戏或比赛。（　　）
21. 感到没有人理解自己，烦闷时别人很难使自己高兴。（　　）
22. 发现别人在窃窃私语，便怀疑是在背后议论自己。（　　）
23. 对别人取得的成绩与荣誉常常表示怀疑，甚至嫉妒。（　　）
24. 缺乏安全感，总觉得别人要加害自己。（　　）
25. 参加春游等集体活动时，总有孤独感。（　　）
26. 害怕见陌生人，人多时说话就脸红。（　　）
27. 在黑夜行走或独自在家有恐惧感。（　　）
28. 一旦离开父母，心里就不踏实。（　　）
29. 经常怀疑自己接触的东西不干净，反复洗手或换衣服，对清洁极为注意。（　　）
30. 担心是否锁门或忘记拿东西，反复检查，经常躺在床上又起来确认，或刚一出门又返回检查。（　　）
31. 当站在沟边、楼顶或阳台上时，有摇摇晃晃要掉下去的感觉。（　　）
32. 对他人的疾病非常敏感，经常打听，生怕自己也身患相同的病。（　　）
33. 对特定的事物，如公共汽车、尖状物体、白色墙壁或稍微奇怪的东西有恐怖感。（　　）
34. 经常怀疑自己发育不良。（　　）
35. 一旦与异性交往就脸红、心慌或想入非非。（　　）
36. 对某个异性伙伴的每一个细微行为都很注意。（　　）
37. 怀疑自己患了不治之症，反复看医书或去医院检查。（　　）
38. 有依赖止痛药或镇静剂的习惯。（　　）

39. 经常有离家出走或脱离集体的想法。 （ ）

40. 感到内心痛苦无法解脱，只能自伤或自杀。 （ ）

测评方法

标记“√”得 2 分，标记“△”得 1 分，标记“×”得 0 分。将分数相加后得出总分数。

测评分析

0～8 分，你的心理非常健康。

9～16 分，你的心理大致属于健康的范围，但应有所注意，可以找老师或同学聊聊，心情应保持愉快、乐观。

17～30 分，你在心理方面有了一些障碍，应采取适当的方法进行调适，或找心理辅导老师帮助你。

31～40 分，黄牌警告，你可能患有某些心理疾病，应找专业的心理医生进行检查与治疗。

41 分以上，你有较严重的心理障碍，应及时找专业的心理医生治疗。

任务二 培养民航服务人员良好的个性

案例导入

航空公司招聘注重心理测评

某知名航空公司计划招聘 50 名国际空乘，引来 700 多名应聘者，其中有 46 人顺利通过了初试、复试和笔试。首轮过关者即将进入体检与心理测评环节。

应聘者八成为应届大学毕业生，以英语、空乘和旅游专业居多。应聘者的外形条件很不错，英文水平也普遍较好。不过，面试中也暴露出应聘者独立性不强，应对突发情况的能力不足等共性问题。

负责该招聘项目的张总监称，外航飞行时间长达 4～16 个小时，而来自各国的空乘人员通常在起飞前两个小时才组队，这就要求大家需要在很短的时间内迅速融为一个整体，这对心理素质的要求很高。那些个性太强、自我控制能力较差的应聘者，在融入团队、服务旅客上就可能出问题，从而给飞行带来安全隐患。这样的应聘者在心理测评环节会被淘汰。

知识准备

一、民航服务人员的个性要求

（一）民航服务人员的气质要求

从气质特点来看，民航服务工作对服务人员有以下要求。

1. 感受性适中

感受性是指个体对外界刺激的感受能力。在民航服务过程中，服务人员要与形形色色的旅客打交道，应对各种各样的情况，如果服务人员的感受性太强，稍有刺激就会引起心理反应，势必会造成其精神涣散与情绪不稳定，进而影响服务表现，从而使工作不能正常进行。当然，如果感受性过弱，对周围的事物视而不见、听而不闻，就会怠慢旅客，令旅客不满，从而导致矛盾的产生。因此，民航服务人员需要有适当的感受性，这样既能保证工作顺利进行，又不会冷落旅客。

2. 灵敏性适中

灵敏性是指个体的心理反应速度与动作的敏捷程度。灵敏性是神经系统灵活性的表现，民航服务人员如果灵敏性过强，则在工作过程中容易受到外界刺激的影响，如旅客稍有不逊就与之对抗，稍有意外声响就吓得扔掉手中的东西等。此外，灵敏性也影响服务人员说话的速度、记忆的速度、注意力转移的灵活程度、一般动作的反应灵活程度等。如果服务人员的灵敏性过低，旅客会认为服务人员的工作效率低、不耐烦或忽视了自己；反之，又会使旅客觉得服务人员不够稳重。所以，民航服务人员只有具备适当的灵敏性，才能保持热情有序的工作状态，最大限度地让更多的旅客满意。

3. 耐受性较高

耐受性是指个体遇到各种刺激与压力时的心理承受能力。在民航服务工作中，有的服务人员在长时间工作后仍能保持注意力高度集中；而有的服务人员工作时间稍长就会感到力不从心与烦躁不安。显然，前者的耐受性较高，后者的耐受性较低。民航服务工作是一项重复性较强的工作，工作内容常年相同，服务人员每天可能需要不断地重复回答同样的问题，以及重复同样的服务程序等，这样，服务人员就容易产生厌烦情绪与心理压力。而且，由于旅客的素质、修养和文化层次的不同，需求各有差异，民航服务人员要有较高的耐受性才能保持良好的精神状态，才能将服务工作做好。

4．情绪兴奋性较高

情绪兴奋性是指个体因高兴或受到某种刺激而产生兴奋反应的能力。民航服务人员在工作中需要接待大量的旅客，如果服务人员的情绪兴奋性较弱，进入工作状态较慢，则不能迅速发现与充分理解旅客的服务需求，从而对工作中的问题也无法做到快速反应与妥善处理。服务人员只有具备较强的情绪兴奋性，才能让旅客感受到饱满的工作热情，感到被认可、被重视，进而产生满意与愉悦的服务体验。

5．可塑性较强

所谓可塑性，是指服务人员根据情境的变化来改变自己行为的适应性程度。可塑性较强的人容易顺应情境的变化，行动果断；可塑性较弱的人在情境发生变化时，容易出现情绪波动，行动缓慢，态度犹豫。民航旅客来自不同的国家、地区和民族，有着不同的文化习俗、言行举止和个性特点，也有着不同的服务需求与消费习惯，因此，民航服务没有固定的模式可以照搬照套。要做到优质服务，让不同的旅客感到满意，民航服务人员就要具备较强的可塑性，善于思考与总结，灵活应变，有针对性地开展工作。

（二）民航服务人员的性格要求

民航服务人员随时要与不同性格、不同层次的旅客打交道，所以必须具备自信、诚实、谦虚、宽容、幽默、热情、耐心等良好的性格特征，同时还要具备较强的自制力与责任心。

1．自信

自信就是自己相信自己，深信自己有能力完成自身所担负的各种任务。民航服务人员的自信，主要表现在对工作的积极性与主动性上，一名自信的民航服务人员不仅具有较高的工作热情，而且具备战胜困难的巨大勇气。

2．诚实

民航服务人员的诚实应当体现在以下两个方面：一是对人讲真话，忠诚老实，不弄虚作假，不阳奉阴违；二是诚实地对待自己，如实地面对自己的优点与缺点，恰当地评价自己。

3．谦虚

谦虚是一种公认的美德，也是一种良好的个人品质。民航服务人员是否具备谦虚的品质，对其工作的开展有着重要的影响。只有谦虚的民航服务人员才能做到尊重他人。

4．宽容

宽容是指能够容忍，有气量，不过分计较与追究，能够谅解他人。民航服务人员在工作中的宽容应当表现在以下几个方面：① 能够以大局为重，不计较个人得失，在非原则问题上能够忍让；② 团结与自己意见不同，甚至相反的人一同共事，保持良好的人际关系；③ 不嫉贤妒能，在工作中对待那些比自己有才干的人应该取人之长，补己之短，绝不能心胸狭窄。

5. 幽默

幽默是一个人智慧与学识的综合体现，是一种积极乐观的人生态度。幽默具有强大的感染力，能够创造出轻松与愉快的沟通氛围，是人际交往的润滑剂。因此，民航服务人员应该具备这种个性品质，从而给旅客带来愉悦的体验。

个案厅

发生在身边的机上幽默

（1）在飞机上等了一个多小时还没起飞，旅客们都有些骚动不安了。此时，机长果断打开广播安慰说：“因为通关手续正在办理，我们还不能离境，可能还需要 20 分钟以上，抱歉……但是，大家请看右手边的‘灰机’，他们应该早我们半个小时‘起灰’的，现在也还在等着！”

（2）飞机上，乘务员正在收取餐盘。大多数旅客都主动递上自己的餐盘，便于乘务员收取。一名靠窗的旅客则无动于衷。乘务员伸手够不着，便对他说：“麻烦您把餐盘递一下好吗？”那位旅客傲慢地说道：“你是服务员，还是我是服务员？”乘务员答道：“我是服务员，但我不是长臂猿呀！”

6. 自制力强

自制力是一个人自觉地调节与控制自己行为的品质。自制力强的人能够理智地对待周围发生的事情，有意识地控制自己的思想感情，约束自己的行为。民航服务人员要有较强的自制力，对不正当的欲望要坚决予以摒弃；发生危险状况时能够保持镇定，不冲动、不意气用事，克制内心的恐惧与紧张，做到临危不惧、忙而不乱。

7. 责任心强

在民航服务中，服务人员的行为会对旅客产生直接或间接的影响，因而，民航服务人员要本着对旅客负责的思想，在工作过程中必须具备爱心与责任感。责任心能够使民航服务人员在工作中尽职尽责。当其尽到了自己的责任时，就会产生满意、愉快的情感；反之，服务人员会深感不安与内疚。有了责任心，民航服务人员的价值才会得到充分与合理的体现。

问题窗

你认为一名优秀的民航服务人员还应该具备哪些品质？

（三）民航服务人员的能力要求

民航服务人员能力的高低决定了服务水平的高低和服务质量的好坏。因此，要为旅客提供高质量的服务，民航服务人员应具备以下几种能力。

1．较强的观察力与准确判断的能力

由于旅客的职业与身份的不同，其需要也不尽相同。民航服务人员应该具有敏锐的观察力，在与旅客短暂的交往中，通过旅客的着装、表情、言谈和举止等发现并判断旅客的不同需要，从而能够有针对性地为旅客提供满意的服务。

2．出色的表现能力与表达能力

民航服务人员与旅客的交往通常是短暂的。要想在短暂的接触中给旅客留下良好的印象，民航服务人员就必须具有较强的表现能力，把自己对旅客的关心与体贴通过语言、行动和表情等表现出来。在这个过程中，完整、准确和恰当地表达是至关重要的。民航服务人员的表达能力强，会产生吸引旅客、打动旅客、说服旅客和给旅客以好感的特殊作用。

3．较强的感染力

民航服务人员要想在旅客的心中留下较好的第一印象，就必须在情绪与精神上时刻保持乐观的状态，并以此感染每一位旅客，从而使旅客在一个轻松与愉快的氛围中出行。

4．较强的组织能力和分析、解决问题的能力

组织能力是指民航服务人员有计划、有步骤地安排工作，从而使旅客满意的一种实际工作能力。例如，在客舱服务中，遵守工作程序与及时应对旅客出现的一些问题，本身就是组织能力的具体体现。

分析与解决问题的能力是指民航服务人员在碰到各种意想不到的状况时，合理应对并成功解决问题的一种综合能力。

二、民航服务人员良好个性的培养

服务人员良好的个性是优质服务的必要条件。民航服务人员良好个性的培养是民航企业文化建设中不可忽视的一部分。

（一）加强文化修养

“文化”是人文文化与科技文化的总和；“修”是指吸取、学习，为的是打下知识体系的基础；“养”是对“修”得的知识进行批判、提炼、反思和升华。文化修养是民航服务人员培养良好个性的基础。

1．向书本学习

民航服务人员只有多学习、多读书，才会有淡泊的心境、平和的心态和开阔的胸怀。多读书、勤读书、读好书，民航服务人员才能做到“博学之、审问之、慎思之、明辨之、

笃行之”，从而为自己奠定文化修养的基础。

2. 向身边人学习

民航服务人员身处集体之中，身边不乏一些在个人道德品质、思想境界、为人处世及知识水平等方面表现突出的楷模。向他们学习对于提高自身的文化修养很有借鉴意义。

（二）提高心理素质

人的心理素质是在实践活动中与生活环境的影响下逐步发生与发展起来的。从心理学的角度讲，心理素质包括情感、信心、意志力和韧性等。要想培养良好的心理素质，民航服务人员应从以下几个方面入手。

1. 培养健康、积极的情绪

民航服务人员首先要热爱民航事业，具有为民航事业发展服务的精神，心甘情愿地在自己的岗位上勤恳奉献。这种对民航事业的热爱之情，会淡化工作中的压力与不愉快，有利于形成良好的情绪状态。在工作过程中，民航服务人员还需要适时地调节自身的不良情绪，培养积极的心态，以饱满的热情投入到工作中。

2. 培养自信乐观的心态

民航服务人员要相信自己可以胜任民航服务工作，可以解决好工作中出现的各种问题；积极面对发生的突发状况，认真分析，妥善处置，尽力使结果超越预期。在日常工作中，民航服务人员要时常给自己一些积极的暗示，遇到难缠的旅客或棘手的事件时，一定要相信自己能够凭借专业素养把问题处理好。此外，服务人员还要注重培养科学的人生观，把握事物发展的规律，掌握正确的思考方法，只有这样才能乐观地面对困难，正视挫折，走向卓越。

3. 培养坚强的意志

意志是一个人自觉地确定目标，并根据目标来支配与调节自己的行动，克服各种困难，从而实现既定目标的心理过程。在民航服务工作中，服务人员要想做好一次服务并不难，但想要做好每一次服务，时时处处为旅客排忧解难，没有坚强的意志品质是很难实现的。民航服务人员坚强的意志主要表现为较强的自觉性、果断性、自制性及坚持性。

（三）加强职业道德修养

民航服务人员除了要遵守社会公德与一般职业道德外，还要遵守民航服务相关的职业道德规范。民航服务人员加强职业道德修养，有利于形成民航服务所需要的个性品质，具体包括以下几个方面的内容。

1. 遵守职业道德准则

民航服务人员职业道德准则包括以下几项内容。

（1）热爱祖国，热爱人民，立志为繁荣祖国的民航运输事业、促进经济发展和人民生活水平提高做贡献。

（2）对国家财产与人民生命负责，切实保证民航运输的安全可靠。

（3）热情为旅客服务，急旅客所急，帮旅客所需；热爱劳动，不怕吃苦，为旅客提供干净、舒适的旅行环境。

（4）廉洁奉公，遵纪守法，不利用手中之权谋私，不索贿受贿，不索要旅客托运的物品。

（5）认真学习科学文化知识与专业知识，对技术精益求精，不断提高为人民服务的思想觉悟与为人民服务的本领。

（6）培养集体主义精神，搞好分工协作，团结友爱，互相帮助。

（7）欢迎广大群众监督，虚心接受群众的批评，不断提高服务的质量。

2. 提高服务意识

民航服务意识是指民航服务人员在与企业利益相关方的交往中，所表现出来的热情、周到和主动服务的欲望与意识，即服务人员发自内心地主动做好服务工作的一种观念与愿望。在培养服务意识的过程中，民航服务人员应注意以下几点。

（1）服务意识有强烈与淡薄之分，有主动与被动之分，服务人员只有对民航服务理念产生深刻的认识与高度的认可，才能产生强烈的、主动的服务意识。

（2）服务人员只有具备以企业为家，热爱集体、无私奉献的精神，才会产生强烈的、主动的服务意识。

（四）在实践中不断磨炼

民航服务工作离不开与旅客的沟通和交流。因此，多参加一些社会实践活动，接触不同个性特征的人，锻炼观察能力、表达能力等，有助于民航服务人员形成自信、谦虚、幽默等个性品质。此外，社会实践活动中不乏一些优秀的前辈与行业的精英，从他们身上可以学到一些知识与经验，以丰富自己的见识。

任务实施

情境体验：航空公司招聘现场

活动目的

深入理解民航服务人员所需要的气质、性格和能力。

活动准备

1. 全班同学分成若干小组（4~6 人一组）。
2. 各组选一名成员充当面试官，其他成员充当应聘者。

活动过程

1. 情境设定

假设在某航空公司的招聘现场，各位“应聘者”都已通过了第一轮——有关基本形体、仪容仪表等的测试，即将进入第二轮——有关个性特点的测试。

2. 分组“面试”

每个“面试官”负责面试一组“应聘者”（非本组成员，教师可以指定或抽签决定）。“面试官”先让“应聘者”进行自我介绍，然后再提一些问题（也可以准备一些心理测试题），以确定“应聘者”具备的气质、性格和能力，判断每一位“应聘者”的个性是否适合民航服务工作。

3. “面试官”轮换

每组选出 1 名符合民航服务人员个性要求的“应聘者”，作为新一轮面试的“面试官”。原“面试官”作为“应聘者”参加新的面试。

4. 分享交流

作为未来的民航服务人员，你是否具备了相应的个性要求？在这次活动中，哪些同学最先通过了“面试”？他们身上有哪些个性特点值得你学习？

任务三 学会应对工作压力

案例导入

民航服务人员的心理压力

民航服务人员因其年龄、工作年限和家庭情况的不同，所面临的压力也各不相同。

对于刚参加工作的小刘来说，他刚刚走出校园，进入一个陌生的环境，要去适应由学校到社会，由学生到员工的转变。在工作上，小刘不仅要深入了解各类规章制度，还要认真地向工作经验丰富的员工学习。此外，快速融入团队并处理好同事之间的关系，也让小刘面临着不小的压力。在生活上，由于小刘已经进入了恋爱阶段，如何去平衡工作跟恋爱之间的关系又成为他亟待解决的一个问题。

对于参加工作多年的小张来说，他虽然是工作中的骨干力量，有着较为丰富的工作经验，业务能力也较强。但基于民航服务工作的要求，他依然一刻也不敢怠慢。加之职业晋升大多在这一阶段产生，这在无形中又增加了竞争的压力。与此同时，作为家里的“顶梁柱”，他还要承担“上有老，下有小”的家庭压力。

知识准备

一、认识工作压力

民航服务人员的工作压力是指因工作负担过重、变换岗位、工作责任过大等对其产生的压力。

适当的压力能使人发挥潜力、富有效率和创造力，但如果长期承受较大的工作压力，不但会影响身心健康和工作效率，甚至会出现性情的变化，从而产生偏激的行为。其具体表现在以下几个方面：① 对工作不满意，有厌倦感，无责任心，注意力不集中，工作效率低，害怕困难，缺勤率高，失误增多；② 对外界事物的兴趣减退，失眠、多疑、性情冷淡、情绪波动大、焦躁不安；③ 产生危害自身或他人的行为，如吸烟、酗酒、滥用药物，与同事发生冲突，迁怒于家庭成员等；④ 引发高血压、冠心病、消化道溃疡等疾病。

二、民航服务工作压力的来源

民航服务人员的工作压力源有多种，有些压力源是持续性的，有些是偶然性的，持续性压力源可能会对员工产生较大的压力，而偶然性压力源则影响较小。总的来说，民航服务工作的压力主要来源于以下几个方面。

（一）工作时长

虽然民航的不少规章制度对工作时长有明确的规定，但在日益激烈的竞争中，不少岗位的工作时间还是比较长的。例如，值机组、机务维修等岗位常常超时工作，有时是因为工作人员少，有时是因为岗位工作量大，有时是因为各种突发情况等。频繁的超时工作会给民航服务人员带来越来越大的压力。此外，航班常有夜班，很多岗位需要 24 小时连续值班，使得服务人员往往睡眠时间少而不规律，进而造成生物钟紊乱，从而影响其身心健康。

（二）工作环境

飞机的机舱虽然进行了精心设计，但仍然避免不了较强的宇宙射线侵袭，且存在空间密闭、空气浑浊、氧气含量低、噪声明显和颠簸强烈等问题。在这样一个特殊的环境中工作，会给机组人员的健康带来很大危害。此外，乘务员在服务工作中会接触到很多特殊的情境和各种心理状态的旅客，他们在处理问题的过程中经常会遭受到无理的谩骂与指责，这必然会使他们感到一定的工作压力。

（三）工作内容

虽然任何工作都会存在突发状况，但相对而言，民航服务工作需要应对的突发状况往往影响大，牵涉面广，一旦处理不好，就会带来生命和财产的损失，这就要求民航服务人员要时刻保持警惕。对于安全问题整日忧心忡忡，这也是服务人员压力的潜在来源。

（四）工作评价

服务质量一直是评价民航服务人员职业技能水平和绩效的必然尺度。虽然影响服务质量的原因是多方面的，但社会评价总是首先将责任归于民航服务人员身上，这令他们倍感压力。而且民航服务工作岗位责任大，工作纪律要求十分严格，各类考核也多，工作中一旦出现差错就要受到处罚，所以民航服务人员总是觉得工作负荷重，压力也大。

目前民航业的竞争越来越激烈，民航服务人员也能通过各种途径感受到企业面临的压力。同时，民航服务人员之间的人际关系以及与上级领导的关系，薪酬待遇的水平和公平性，个人的职业晋升机会等都会给他们带来持续的压力。

三、缓解工作压力的方法

民航服务人员缓解工作压力的方法大致有以下几种。

（一）适当休息放松

在一天的紧张工作中，多进行几次短暂的休息，放松身心，做做深呼吸，呼吸一下新鲜空气，可以放松大脑，防止压力的形成。千万不要放任不良情绪的发展，否则易使这种情绪在阶段性的工作结束后，升级成为压倒性的工作压力。

（二）主动释放压力

当民航服务人员感到压力太大时，应当主动寻找正确的途径去释放压力。例如，找知心的朋友、同学、亲人或者陌生人诉说，通过倾诉把内心的郁闷和压力全都释放出来。

如果不愿意向别人诉说，民航服务人员可以通过多参加一些文娱活动（如唱歌、写作、绘画等）增加自己多方面的兴趣，调整自己的情绪，乐而忘忧；还可以做一些体育运动，运动过后，身体倍感轻松，不知不觉就会把压力释放出去。

（三）转移注意力

转移注意力是指个体在出现不良情绪时，把注意力从引起不良情绪的事情上转移到其他事情上去，使自己从消极的情绪中解脱出来。一般来说，一个人的注意力不能同时集中在两件事情上，当注意力受困于引起消极情绪的事情时，可以让自己停下来，想一想开心的事情或做一些让自己舒服、愉快的事情，激发积极愉快的情绪反应，从而缓解或消除消极的情绪。

（四）调整认知

有研究表明，压力带来的情绪困扰并不一定由诱发事件直接引起，而是由个体对事物的非理性认知引起的，因此，如果将非理性认知转变为理性认知，就可消除情绪困扰。站在对方的立场上去考虑问题，用一点心思去深入地想一下对方的思想，重新梳理整个事情的脉络，分析自己的心理变化与压力来源，说不定就能豁然开朗。

（五）正确看待压力

民航服务人员应当加强意志和魄力的训练，不断培养自己不畏强手，敢于拼搏的精神。服务人员不要惧怕压力，有时适度的压力反而是进步的原动力，正是有了压力才会使工作充满了激情与干劲。压力是毒药还是良药，都在自己的一念之间，不妨将自己的思想做一个转变，化消极回避为积极运用，这样，压力反而成为胜利的推进剂。

任务实施

心理测试：你有心理压力吗

测试题目

1. 应付日常的一些工作学习，会很容易感到疲劳吗？ （是□，否□）
2. 你能合理安排你的学习和娱乐时间吗？ （是□，否□）
3. 你经常会躺在床上睡不着吗？ （是□，否□）
4. 你容易为小事动怒吗？ （是□，否□）
5. 你认为你的家人对你非常友善吗？ （是□，否□）
6. 早上起床，你会感到很疲倦，不想起床吗？ （是□，否□）
7. 面对自己一直喜欢吃的食物，你有提不起食欲的感觉吗？ （是□，否□）
8. 你有广泛的兴趣爱好吗？ （是□，否□）
9. 你有使用药物或酒精等辅助睡眠的习惯吗？ （是□，否□）
10. 最近几天有让你高兴的事情发生吗？ （是□，否□）
11. 如果今天的工作没有做完，你会把工作带回去继续做完吗？ （是□，否□）
12. 你会经常感冒、头痛或发烧吗？ （是□，否□）
13. 你很难集中精力完成一件事吗？ （是□，否□）
14. 当提前说好的事遇到变故，你会容易感到沮丧吗？ （是□，否□）
15. 你常有消化不良或便秘的情况吗？ （是□，否□）

16. 你有在深夜突然醒来，再也无法入睡的经历吗？ （是□，否□）
17. 对你来说最好的放松地点是自己的家吗？ （是□，否□）
18. 你是否喜欢埋头工作，以躲避处理复杂的人际关系？ （是□，否□）
19. 情绪不好的时候，你会找家人以外的朋友倾诉吗？ （是□，否□）
20. 从事一项运动或游戏的时候，你会想办法取得胜利吗？ （是□，否□）
21. 你是否比同事或同学花更多的时间在同一工作上？ （是□，否□）
22. 你在休息日里会因为无所事事而感到懊恼吗？ （是□，否□）
23. 长时间的等待会让你容易生气吗？ （是□，否□）
24. 你认为你的体重正常吗？ （是□，否□）
25. 紧张的时候，你会浑身冒冷汗吗？ （是□，否□）
26. 工作日程过满的时候，你会有身体不适的反应吗？ （是□，否□）
27. 你会因为很多事情不是你能把握的，而感到懊恼吗？ （是□，否□）
28. 你会觉得生活中自己积累的问题太多，把自己压得喘不过气来吗？ （是□，否□）
29. 你害怕遇到争吵，并且在争吵中总处于弱势吗？ （是□，否□）
30. 你觉得自己能控制生活中的烦恼吗？ （是□，否□）

测评方法

以上 30 题中，选择“是”得 1 分，选择“否”不得分。

测评分析

1～10 分

你对压力有着良好的调节能力，你会理智地面对不同的压力，并能适当地将压力转换为动力。你的抗压能力很好，这归功于你的心理调节能力。更多时候你在生活和工作中愿意接受压力的挑战。

11～20 分

你的生活中虽然有一些让你感到压力的事情，但是你还能调节心态，应对一些压力，有时候你会觉得压力能够激发你的动力。但是你绝对不会主动选择巨大的压力，因为你的心理调节能力和适应能力有限。

21～30 分

你对生活中的压力非常敏感，你不喜欢生活在巨大的压力下，一旦压力超过你的承受范围，你会迅速逃避，或者在压力下表现出失常的精神状态。

任务四 学会缓解职业倦怠

案例导入

民航职业倦怠问题

曾经有一架印度航空公司的客机在降落时失事，造成 158 名旅客遇难。相关资料表明，执飞机长的飞行总时长超过 1 万小时，属于经验丰富的老飞行员。但其当天竟然在一大半的航程中睡觉，直到飞机快要降落才清醒过来，终因操作失误造成飞机坠毁。这一事件说明企业在飞行员的管理上存在严重的安全隐患，也反映出飞行员的职业倦怠问题。

国际航空运输协会的统计资料显示，80%以上的空难是人为因素造成的。心理学的研究发现，大多数人为差错是因为个人问题造成工作状态不佳而导致的。如果不能有效地防范和缓解飞行员的职业倦怠，将可能导致更多的不安全事件或事故发生。

知识准备

一、认识职业倦怠

（一）职业倦怠的含义

职业倦怠又称“职业枯竭”，是个体不能应对职业压力时的一种极端反应，是个体因工作时间过长、工作量过大、工作强度过高而产生的一种疲惫不堪的状态。

当前，职业倦怠已经成为影响我国民航企业建设和管理的现实问题，有效地预防与缓解职业倦怠，对民航企业的飞行安全及服务质量管理具有重要的现实意义。

（二）职业倦怠的表现

由于长期处于压抑或超负荷工作的状态，不少民航服务人员都会出现职业倦怠，具体表现在以下几个方面。

（1）工作满意度低，出现玩忽职守、旷工和离职现象。由于丧失了工作热情和兴趣，民航服务人员会在工作中缺乏职业道德和敬业精神，对旅客敷衍了事，甚至另谋他职。

（2）在人际关系方面表现出对同事或旅客在情感上的疏远和冷漠。出现职业倦怠后，民航服务人员往往感到同事之间有太多的竞争，太多的矛盾；旅客不好伺候，甚至故意刁难等。渐渐对旅客冷漠，不愿与旅客沟通、交往，严重影响服务质量，甚至可能危及飞行安全。

（3）导致生理和心理上的不适甚至疾病。民航服务人员产生职业倦怠后，会引起他们生理或心理上的不适或疾病。生理上的症状包括疲劳、食欲下降、睡眠质量变差、容易生病等；心理上的不适有挫败感、愤怒、紧张、焦虑、神经质和恐惧等。

二、产生职业倦怠的原因

导致民航服务人员职业倦怠的因素是多方面的，既有客观的，也有主观的。这些因素大体可以分为工作因素和自身因素两大类。

（一）工作因素

工作因素是产生职业倦怠的客观因素，一般包括工作任务过重、工作难度较大、晋升无望、工作前景不明、人际关系紧张、工作环境不利等。

民航服务人员的工作时间不确定，往往是根据航班安排而定，尽管每个人都有相对固定的服务航线，但是具体的工作时间是没有办法预测的。如果飞国际航班，还要面临时差和环境问题，有些乘务员难以适应时差的变化，导致生理上的各种消极反应，进而产生心理上的不良情绪反应，自然会产生职业倦怠。

此外，空乘职业生涯是短暂的，竞争也越来越激烈。职业生命的短暂性，职业上的竞争和不稳定造成了民航服务人员的职业倦怠。

（二）自身因素

自身因素是指民航服务人员因年龄、性别、动机、能力、意志等方面存在的个体差异，对民航服务工作的感觉和评价有所不同。例如，成就动机强的民航服务人员喜欢承担有挑战性的工作，在处理一些旅客投诉和群体事件时表现得有耐心、有方法、有控制力；意志力强的民航服务人员更看重难度大、强度大的工作，他们在较长的航线上能应对一些突发状况，力保航班准时、安全地到达目的地。如果让这些民航服务人员长期在第一线做一些重复性强的服务工作，势必会压抑他们的工作热情，使其产生职业倦怠。

此外，一些民航服务人员职业认同感不强，面对交际圈狭小，长时间不能与家人团聚的情况，也会产生职业倦怠。

三、预防职业倦怠的措施

对于民航工作环境特殊和性质无法改变的情况，民航服务人员要学会自我调节，防止各种因素导致的职业倦怠。当然，这种自我调节离不开民航企业的配合与帮助。

（一）保持积极的心态

保持积极的心态是对职业倦怠进行自我调适的关键。民航服务人员要学会承认一个人并不能控制和改变工作中的所有状况，有些工作自己能够完全胜任，但也有一些工作是自己做不好的。例如，民航服务工作中有些问题是不可避免的或在短时间内难以解决的，如航班延误、旅客投诉等。

扫一扫

如何摆脱职业倦怠

（二）挖掘工作中有趣的方面

如果能在看似重复、枯燥的工作中挖掘出“创新”的可能性，会让人觉得斗志昂扬、精力充沛。例如，民航服务人员不妨根据自己的观察和旅客的实际情况，为他们提供切实需要的服务，如果自己的用心能够得到旅客的肯定或赞扬，就会有美妙的成就感。做自己喜欢的工作，就会愿意投入更多的时间和精力，而不会感到辛苦和倦怠。而一个人若是积极主动、充满激情地去工作，也总能超额、超水平发挥，以此形成良性循环。

（三）及时宣泄与倾诉

民航服务人员在受到压力威胁而产生倦怠情绪时，不妨与家人、亲友一起讨论自身的状况，与他们一起分析产生职业倦怠的原因，在他们的疏导下唤醒职业热情；需要某些实际的帮助时，不妨求助于领导和同事，请他们给出切实的意见。另外，一些消极情绪如愤怒、恐惧、挫折等也应及时倾吐，以得到某种发泄，这对舒缓压力和紧张的情绪是非常必要的。

（四）适当锻炼和放松

民航服务人员要注意劳逸结合，保证足够的睡眠，将闲暇和各种娱乐活动作为工作的必要补充。例如，在每次巡视过后，同事之间可以聊聊天，讲个笑话，缓解不间断工作所带来的紧张和厌烦情绪。工作之余进行适度的锻炼，能够有效缓解倦怠，换来舒畅而平稳的心情。如果长期坚持下去，能够有效地降低倦怠和抑郁感。此外，适时适当的休假，可让身心恢复活力，然后再重新出发。如果短期之内没有休假的机会，一些放松身心的方法（如游泳、做操、散步、洗热水澡、听音乐等）也十分有效。

头脑风暴

安检“微笑哥”工作中盛放愉悦的鲜花

任何职业从事的时间长了，都会产生倦怠。但对厦门空港安护部 T3 候机楼检查分部彩虹班组的安检员张晨曦而言，安检员是个不会枯燥的职业。每天在工作中能遇到不同的人，有不同的经历，只要用心去感受，就会有不一样的收获。张晨曦会在工作休息的间隙，到登机口旁的书刊处阅读《中国民航报》，他说：“每当我对工作和生活产生疑惑时，那些报纸上刊登的优秀民航人的故事，都能带给我巨大的鼓舞和激励。他们能把工作做得完美出色，我为什么不行呢？”带着这样一种肯学习、不认输的职业精神，通过自身辛勤的努力，张晨曦诠释了民航安检人的金牌服务，也让他被众多旅客交口称赞，成为厦门机场一颗耀眼的服务明星。

问题：张晨曦为什么没有产生职业倦怠？

任务实施

心理测试：职业倦怠测试

每天早晨照一下镜子，你的表情是微笑的吗？不知从哪天开始，你是不是从星期一就盼着星期天？是不是恨不得撒个小谎不去上班，哪怕生病也好？在办公室，动辄懒洋洋地消极怠工，这份工作让你厌倦甚至沮丧？你无法控制内心滋生的厌倦感和消极情绪？你是否已成为职场“倦鸟”？

通过下面的职业厌倦程度问卷，你可以测算和评估出自己的职业厌倦程度。以下状况，从来没有发生的，标记 A；很少发生的，标记 B；有时发生的，标记 C；经常发生，标记 D；总是发生，标记 E。

测试题目

1. 晚上很早上床睡觉，但很难入睡，即使睡着了也总是被噩梦惊醒。
2. 即使头天晚上睡得很好，第二天上班的时候仍然觉得很疲倦。
3. 从早上睁开眼睛就想着是否可以生病为借口请假逃避上班。
4. 总是一边工作一边看表，渴望下班时间的来临。
5. 认为星期一是“黑色”的。
6. 经常迟到。

7. 总是下班后仍然想着工作的事情，并且心情烦躁。
8. 经常头疼、感冒、腿脚酸软。
9. 面色苍白，无精打采。
10. 眼圈浮肿。
11. 觉得自己工作很努力，可是得到的却很少。
12. 认为自己的工作不重要，努力没有得到重视。
13. 喜欢一个人待着，不愿意与同事交流。
14. 在工作遇到问题时，没有可以倾诉的对象。
15. 时常抱怨，对自己的某某同事没有好感。
16. 没有时间去做自己喜欢做的事情。
17. 在工作中感觉不到兴趣。
18. 常常觉得压力太大，有种透不过气来的感觉。
19. 靠服用药物、酗酒来麻痹自己。
20. 认为自己一无是处。

测评方法

以上各题中，标记A的得1分；标记B的得2分；标记C的得3分；标记D的得4分；标记E的得5分，然后计算所有题目的总分。

测评分析

得分在25～35分之间，表示职业厌倦程度很低。

得分在36～60分之间，表示职业厌倦程度较低。

得分在61～90分之间，表示职业厌倦程度较高。

得分91分以上，表示职业厌倦程度非常高。

任务五 直面工作挫折

案例导入

遭遇挫折之后

小李是一名空乘专业的学生，非常喜欢空姐这个职业，很向往到某家航空公司工作。毕业后，小李参加了该航空公司的空姐选拔，面试结果显示，她不幸落选。得到消息后，小李感到心灰意冷，多年的空姐梦破灭，让她无所适从，不知道接下来的生活意义何在，甚至起了轻生的念头。

这时又传来消息说小李被录用了，原来是统计出了差错，她实际是名列榜首。但小李还没来得及高兴，很快又被通知该航空公司决定不录用她，理由很简单：一个民航服务人员若连如此小的人生打击都承受不起，又怎能在工作中经历种种挑战呢?

知识准备

民航服务人员在工作中难免会遭受到种种挫折，若不能直面挫折，战胜挫折，轻则影响心情，重则引发各种心理疾病，严重影响工作效率和服务质量。

一、认识挫折

（一）挫折及挫折耐受力

1. 挫折

挫折是指人们在有目的的活动中，遇到无法克服或自以为无法克服的障碍或干扰，使其需要或动机不能得到满足而产生的障碍。

2. 挫折耐受力

挫折耐受力是指个人对挫折的心理承受能力，即个体适应挫折、抵抗挫折和应对挫折的能力。一般来说，挫折耐受力较强的人，往往挫折反应小、时间短，消极影响少；而挫折耐受力较弱的人，则容易在挫折面前不知所措，挫折的不良影响大且易受伤害，甚至会导致心理和行为的失常。

挫折耐受力的大小反映了一个人的心理健康水平。许多人的心理问题都是遭受挫折而又不能很好地排解和调适不良情绪导致的。增强挫折耐受力，是获得对挫折的良好适应能力和保持心理健康的重要途径。

知识角

挫折耐受力的影响因素

挫折耐受力会因为个体的差异而不同，一般来说，其会受以下几个因素的影响。

1. 生理因素

一般情况下，身体素质好、身心健康的人承受挫折的能力要好于体弱多病的人，精力充沛的人也能够更好地胜任各项工作。

2．心理因素

通常情况下，善于进行自我调节，具有坚强的意志、性格开朗的人有较强的挫折耐受力。

3．经验因素

经验因素即过去遭受挫折的经验。这一方面与个体的成长环境有关，若个体成长于一个坎坷的环境，则其心理素质会强很多；另一方面是个体生活中的经验，经历过挫折，有过挫折的经验，个体就会具备较强的挫折耐受力。

4．判断因素

判断因素即对挫折的知觉判断。由于每个人对客观世界的认识不同，所以即使面对相同的挫折情境，其感受和判断也会不同，挫折对每个人构成的打击也不尽相同。也就是说，在同样的情境下，一些人眼中的重大挫折，对另一些人来说，可能不值一提。

（二）挫折产生的原因

挫折是人的一种主观心理感受。即使是相同的情境，由于人的心理状态、需要动机及思想认识的不同，遇到挫折后的表现也会大不一样。产生挫折的原因多种多样，总体上可分为以下三个方面。

1．客观原因

1）自然环境因素

自然环境因素指个人无法预料、无法抵抗的自然灾害或意外事件，如地震、洪水等自然灾害；或者由别人的失误造成的意外事故，如车祸等。

2）社会环境因素

社会环境因素涉及经济、道德、法律、风俗、习惯、宗教等各种社会性因素，导致既定的目标难以实现，个体需要的满足受到严重阻碍。

2．主观原因

1）生理因素

生理因素指个体的生理特征，如人的相貌、身高、智力、健康等因素。民航服务的工作性质对员工的外在形象、气质等会有一定的要求，某一方面的“不如人”会导致长期的心理挫折感。

2）心理因素

心理因素包括人的个性心理品质、抱负水平、个体的心理冲突等方面的因素。

个性心理品质包括个人的人生观、世界观、价值观、生活态度等，这些因素与现实发生冲突，通常会给个体带来挫折。

抱负水平是指个体对自己的行为所制订的标准，在同等情况下，抱负水平高的人比抱负水平低的人容易遭受挫折。

个体的心理冲突是指个体的多种动机无法同时满足或者相互冲突时而产生的难以取舍的心理状态，如家庭与事业的冲突也会给人带来挫折感。

3．组织原因

1）组织管理水平

管理者对员工采取的管理方式，直接关系到员工在工作中能否有好的情绪状态。另外，如果企业安排的工作和员工的能力、兴趣不一致，也会导致员工产生挫折感。

2）组织工作环境

工作环境包括组织内的人际关系、工作性质、办公环境和其他相关因素。通常情况下，组织内部上下级沟通不畅，过分强调竞争和责任，会给员工造成不必要的紧张。另外，个体如果不能在工作中展现其才能和价值，无法获得自我实现的满足，也会产生挫折感。办公环境的通风、照明、噪声、安全和卫生状况不佳，工作安排不当、强迫加班、恶性延长工作时间、工资偏低、不公平的晋升制度等，都会造成员工挫折感的产生。

（三）挫折的行为表现

民航服务人员在遇到挫折后的反应各不相同，一般来说，会出现积极和消极的两种行为表现。

1．积极的行为表现

挫折如果没有超过个体的耐受力，则其对个体而言是一种磨炼，可以提高个体解决问题的能力，增加个人阅历，从而增强其挫折耐受力。例如，面对挫折，有的人能够及时发现问题，努力克服困难，从失败中总结经验教训，最终走向成功。有的人通过理性分析，适当降低目标，也可以消除挫折感。还有的人通过发挥其他方面的优势，扬长避短，同样可以避免挫折，走向成功。

2．消极的行为表现

有些人在受到挫折后采取了消极的态度，出现一些具有盲目性和冲动性的行为反应，主要表现在以下几点。

1）攻击

人在遇到挫折的时候，可能会产生一些负面的情绪。当这种负面情绪发展到较为强烈的程度时，就可能对自己周边的人或事物产生攻击行为。在民航企业中，民航服务人员如果遭受到挫折，又不敢向上级领导反映，则有可能会把怨气发泄到旅客身上，从而引发冲突。

知识角

遭遇挫折后的攻击

人在遭遇挫折后的攻击行为分为直接攻击和转向攻击两种。直接攻击是指把攻击行为直接指向阻碍自身达到目标的人或物，具体表现有辱骂、殴打对方等；转向攻击是指当个体不能直接攻击阻碍自身达到目标的人或物时，会把攻击行为转向其他替代的人或物。

2）焦虑

焦虑是个体在经受挫折、受到打击后失去信心，从而表现出来的一种紧张性情绪反应。这种情绪反应包括自尊心的损伤、自信心的丧失、失败感和愧疚感的增加，从而形成一种紧张不安、忧虑恐惧等感受交织形成的复杂心情。生理上表现为冒冷汗、头晕、脸色苍白、胸部发闷等症状。

3）冷漠

当个体在受到挫折后无法进行攻击，或者攻击后会导致更大的挫折，同时个体又找不到适当的替代物来发泄自己的愤怒情绪，就会出现冷漠反应。其表现为对挫折情境漠不关心、无动于衷，毫无情绪反应。而实际上，个体的愤怒情绪并没有消失，只是暂时被压制下去了，内心深处隐藏着更深的痛苦，其结果是对工作丧失热情。

4）退化

个体行为的发展原本是有一定的规律的，即随着年龄的增长逐渐成熟起来。但有时个体在遭受挫折后，却表现出一种与自己的年龄、身份极不相符的幼稚行为，这种现象称为退化。例如，有的人在遭受挫折后会像小孩子一样大哭大闹，或者因为一点小事暴跳如雷。退化的另一种表现是易受暗示性，即人在受到挫折后，对自己丧失信心、失去理智，盲目相信别人，或盲目执行别人的指示。退化这种表现的目的在于发泄心中的不满或者博取别人的同情和关注。

5）固执

一般而言，个体在受到挫折后，需要有一种随机应变的能力来摆脱所遭遇的困境。但在某些情况下，个体在遭受挫折后仍然盲目地重复某种无效行为，尽管情况已经变化，这种行为并无任何结果，但是刻板式的反应仍在继续进行。例如，有些失恋者，明知对方已经无意，却仍然旧地重游，徘徊于往日约会的老地方。固执有时候还会表现出强烈的逆反心理，不接纳别人的意见或建议，以至于人际关系疏远。

二、面对挫折的心理防御机制

个体在遭受挫折后会出现一系列的不适应，产生紧张不安、烦恼恐惧等心理体验，严重的还会出现血压升高、呼吸急促、脉搏加速等生理变化。因此，个体应该主动采取一些适应挫折情境的措施，以减少挫折情绪对自身的不良影响。

（一）合理化机制

合理化机制是人们在日常生活中使用较多的心理防御机制之一，即当个体受到挫折后，会想出各种理由来为自己解释，以减轻痛苦，达到自我安慰的目的。这也就是通常所说的酸葡萄机制。例如，某位同学考试失利，但其并不认为自己不够努力，而是强调考题出偏了、考试那天身体不舒服等客观理由。尽管这些理由不符合实际情况，但是对于主体缓解挫折后的不良情绪还是有利的。

（二）逃避机制

逃避机制是指个人不敢面对自己预感的挫折情景，而逃向“安全地带”的心理防御机制。逃避机制有以下三种表现形式。

一是逃向另一现实，如回避自己没有把握的工作，埋头于与工作无关的嗜好或娱乐，以排除心理上的焦虑。

二是逃向幻想世界，即从现实的挫折情境中撤退，逃到幻想中的自由世界。如此不但能避免痛苦，还可以使许多欲望获得满足。幻想偶尔为之，能减轻个体的紧张与不安，也能带来某些希望，但超过一定程度，以致无法分清幻想与现实，反而会增加适应现实的困难。

三是逃向生理疾病。个体为了摆脱预感到的挫折情境，会突然患上某种疾病。例如，学生害怕考试失败，竟在考试当天发烧。这种疾病的产生往往是无意识的，与假装生病不同。

（三）压抑机制

个体在遭受挫折之后会产生一系列相关的记忆，这些记忆会让个体产生焦虑、痛苦等不愉快的情绪。压抑机制就是主体将这些不愉快的情绪和思想排除在意识之外，不承认其存在，是一种“动机性的遗忘”。这种遗忘与因时间长久而自然忘却的情形不一样。其表面上看起来是个体已经把事情忘记了，一定程度上可以减轻个体的某些焦虑，获得暂时的心理安全感。但实际上，个体的挫折感并没有因此而消失，而是深藏于个体的潜意识里，在某些时候会影响个体的行为，使其做出一些自己也不明白的事情。因此，采用压抑机制之后，个体应有意识地通过适当的方式予以情绪宣泄，以免留下后患。

（四）代替机制

代替机制就是个体在遭受到挫折后，把不能达成的目标转换成其他目标，从而获得内心的平衡，其主要有两种表现形式。

1. 升华机制

如果个体的某些动机是不被社会所认可的，直接表现出来会受到惩罚，并引起痛苦的情绪体验，那么，其会改变一种方式，用社会认可的形式将其表现出来，进而受到社会的欢迎，自己的需求也得到了释放。这种形式称为升华机制。

2. 补偿机制

所谓补偿机制，是指个体为了弥补自身在某些方面的不足所带来的挫折感，会在其他方面加倍努力，力求成功。例如，一个相貌平庸的学生致力于学问上的追求，从而赢得别人的重视。

（五）表同机制

个体在遭受挫折后，把别人具有的、自己羡慕的品质加到自己身上，从而寻找一种成功的满足感。其主要表现为模仿他人的言行举止，以他人的姿态和风度自居；还表现为故意宣传自己和某位名人有关系，借此抬高自己的身价，以获得内心的满足。

（六）投射机制

投射机制和表同机制相反，指的是个体将自己的某种罪恶念头或某种恶习，反向“投射”到别人身上；或者把自己所不能接受的性格、态度、意念和欲望转移到别人身上，然后再指出这种性格的恶劣，以及批评别人态度和意念的不当。

（七）反向机制

反向机制表现为个人的真实想法和实际行动的不一致。个体为了防止某些自认为不良的动机被别人发现，故意采取相反的行为加以掩饰，这种行为机制就是反向机制。这样可以压制和掩盖自己原有的动机，消除由此产生的焦虑心理。反向机制能有效地控制自身存在的与社会要求不符的欲望，有利于个人适应社会环境，但过度使用将会形成严重的心理困扰。

三、应对挫折的方法

挫折所引起的人心理上和行为上的消极反应，会影响民航服务人员的工作积极性。因此，民航服务人员应学会应对挫折的心理自助方法，以减轻和消除挫折所带来的负面影响，其具体应该做到以下几点。

（一）直面挫折，分析原因

面对挫折，民航服务人员不应该有畏惧的心理，而应该冷静地看待。正确对待挫折的关键在于提高自己的思想认识，遇到挫折时有充分的心理准备，这样才能在面对挫折时不至于惊慌失措和灰心丧气，受到挫折后也能够全面分析原因，吸取经验教训，从而提高自己对挫折的耐受力。

（二）转移环境和注意力

挫折事件是与周围的环境紧密相连的。因此，当遇到挫折事件时，个体可以通过改变环境来摆脱情绪困扰；或先把烦恼丢到一边，约好朋友到外面走一走、玩一玩，呼吸一下新鲜的空气，感受一下欢乐的气氛，待再回到工作环境中时就会感觉轻松很多。

（三）建立牢固的支持系统

个体应建立牢固的支持系统，在面对挫折甚至是灾难时，牢固的支持系统会帮助个体更好、更快地走出低谷。这个支持系统主要来自家长、朋友和组织的关心和帮助。个体在遇到挫折时，可以向家长、朋友倾诉，听从他们的开解，感受他们的关怀，从而获得心理支持。

扫一扫

如何应对挫折

（四）适度地进行情绪发泄

受挫者可以通过跑步、打球、呼喊或痛哭一场等形式，将自己压抑的情感发泄出来。当个体处于挫折的情境中，常常会以一种非理智的情绪反应取代理智行为。如果个体能够将这种紧张的情绪发泄出来，则可以实现心理平衡，进而恢复理智状态。

个案厅

爱巴的故事

有一个名叫爱巴的人，每次和他人起争执而生气的时候，他就会以很快的速度跑回家，绕着自己的房子和土地跑三圈，然后坐在田边喘气。

爱巴工作非常努力，他的房子越来越大，土地面积也越来越大。不管房子和土地多么大，只要和他人起争执，他依然会绕着房子和土地跑三圈。“为什么爱巴每次生气时都绕着房子和土地跑三圈呢？”所有熟悉他的人都想不明白，不管他们怎么问，爱巴都不愿意说明原因。

直到有一天，爱巴很老了，他的房子和土地都非常大了，他生气后会拄着拐杖艰难地绕着房子和土地转圈。当他走完三圈后，太阳都已经下了山。爱巴独自坐在田边喘气，他的孙子在旁边恳求道："阿公，您已经这么大年纪了，这四周也没有其他人的土地比您的更大，您不能再像从前一样，一生气就绕着土地跑三圈了。还有，您可不可以告诉我，您一生气就绕着房子和土地跑三圈的原因？"面对孙子的疑问，爱巴终于说出了隐藏在心里多年的秘密。他说："年轻的时候，我经常和人吵架或争论，然后就绕着房屋跑三圈，边跑边想，自己的房子这么小，土地这么少，哪有时间去和别人吵架呢？想到这里，气就消了，然后我就把所有的时间都用来努力工作了。"孙子问道："阿公，您年老了，已经变成富有的人，为什么还要绕着房子和土地跑呢？"爱巴笑着说："我现在还是会生气，生气时绕着房子和土地跑三圈，边跑边想，自己的房子这么大，土地这么多，又何必和他人计较呢？一想到这里，气就消了！"

故事中的爱巴善于用注意力转移法来调节自己的情绪。在日常生活和工作中，人们难免会因各种事物而产生不良情绪，这时候应该善于使用注意力转移法，将自己的精力和时间集中到有意义的事情上去。

任务实施

心理测试：你的挫折承受力如何

同学们，你的挫折承受力如何呢？请认真做完以下测试题，并对照测评分析进行自我分析。

测试题目

1. 在过去的一年中，你自认为遭受挫折的次数是（　　）。

   A. 0～2 次　　B. 3～4 次　　C. 5 次以上

2. 每次遇到挫折时，你（　　）。

   A. 大部分都能自己解决　　B. 有一部分能自己解决　　C. 大部分解决不了

3. 你对自己的才华和能力（　　）。

   A. 十分自信　　B. 比较自信　　C. 不太自信

4. 遇到问题时，你经常采用的方法是（　　）。

   A. 知难而进　　B. 找人帮助　　C. 放弃目标

5. 有非常令人担心的事时，你（　　）。

A. 无法工作　　B. 工作照样不误　　C. 介于 A，B 之间

6. 碰到讨厌的对手时，你（　　）。

A. 无法应付　　B. 应付自如　　C. 介于 A，B 之间

7. 面临失败时，你（　　）。

A. 破罐破摔　　B. 使失败转化为成功　　C. 介于 A，B 之间

8. 工作进展不快时，你（　　）。

A. 焦躁万分　　B. 冷静地想办法　　C. 介于 A，B 之间

9. 碰到难题时，你（　　）。

A. 失去自信

B. 为解决问题而动脑筋

C. 介于 A，B 之间

10. 工作中感到疲劳时，你（　　）。

A. 总是想着疲劳，脑子不好使了

B. 休息一段时间，就忘了疲劳

C. 介于 A，B 之间

11. 工作条件恶劣时，你（　　）。

A. 无法工作　　B. 克服困难，干好工作　　C. 介于 A，B 之间

12. 产生自卑感时，你（　　）。

A. 不想再工作　　B. 立即振奋精神去工作　　C. 介于 A，B 之间

13. 上级给了你很难完成的任务时，你会（　　）。

A. 顶回去了事　　B. 千方百计干好　　C. 介于 A，B 之间

14. 困难落到自己头上时，你（　　）。

A. 厌恶至极

B. 认为是锻炼自己的机会

C. 介于 A，B 之间

测评方法

1～4 题，选择 A、B、C，分别得 2 分、1 分和 0 分；

5～14 题，选择 A、B、C，分别得 0 分、2 分和 1 分。

测评分析

19 分以上：说明你的挫折承受力很强。

9～18 分：说明你虽具有一定的挫折承受力，但对某些挫折的抵抗力薄弱。

8 分以下：说明你的挫折承受力很弱。

华彩流光

河北机场集团推进员工心理关爱工作

一场名为《积极心理学下的压力和情绪管理》线上培训得到了石家庄机场200余名员工的积极参与。

培训以生动活泼的形式，从压力管理、情绪管理和心态管理三个方面，深入浅出地指导民航从业人员认识压力和情绪，掌握心理疏导方法，有效管理压力和情绪，并保持健康的心态。此次培训是河北机场集团落实民航局公安局关于做好民航从业人员心理关爱工作的具体举措。

自从民航局公安局发布“我为群众办实事”民航从业人员心理关爱任务清单具体措施后，河北机场集团第一时间召开“我为群众办实事”员工心理关爱工作专题调研座谈会，围绕落实员工心理关爱要求，认真倾听了一线员工关于做好员工心理疏导，改善员工工作环境和生活条件，缓解员工心理压力等方面工作提出的意见和建议。将落实员工心理关爱三项行动倡议和满足一线员工需求相结合，将员工心理关爱工作落地落实。

一、建设“人因休息室”

河北机场集团结合一线员工的意见和建议，积极打造出符合“人因工程学”的岗间休息场所，对安全检查站各休息室的硬件设施进行了升级换新，增加冰箱、微波炉、净水机、投影仪、衣物存放柜等电器和家具，将企业精神、基层党建、业务技能知识、班组建设等有关内容进行上墙展示，进一步改善了员工的休息环境。集团还打造了多模块、多用途的新型休息室，设置员工休息室、员工备勤室、班组训练营、创新工作室和党员活动室等，满足员工的多样化需求。

二、建设“身心关爱角”

河北机场集团积极关注员工的身心健康，为孕妇、哺乳期女职工建设了“爱心妈妈小屋”，提供专属、私密、干净和舒适的环境，保障女性职工的权利。集团还设置了清凉角，放置防暑小药箱，消除一线员工因佩戴防疫护具而产生的闷热不适。根据员工的工作需要，集团为一线员工配置了保护腰膝、颈椎部位的用品。

三、建设“心理赋能室”

河北机场集团根据员工的心理健康需求，建设了心理赋能室，配备解压沙袋、减压球、缓解心理压力的相关书籍等。同时，集团根据员工的心理健康需求，开通心理援助热线，组织心理健康培训，组织开展不同主题的谈心、谈话活动，对新入职或岗位变动的员工开展谈话，对生病的员工进行访问，及时了解员工的思想动态，从各方面排解员工的负面情绪。

（资料来源：中国民航网，http://www.caacnews.com.cn/1/5/202111/t20211119_1334499.html，有改动）

实践活动

社会调查——民航服务人员心理健康状况调查与分析

活动概述

请学生结合本项目所学知识，深入了解民航服务人员当前的心理健康状况，并对其进行深入的分析，给出心理调适方法。

活动准备

1. 全班同学分成若干小组（3～5 人一组），各小组选出一名组长。

2. 组长带领小组成员讨论确定调查的内容并进行分工，然后将具体的分工情况填写在表 8-1 中。

表 8-1　小组成员及分工情况

班级		组号		指导教师	
小组成员	姓名	学号	任务分工		
组长					
组员					

活动过程

各小组参考表 8-2 所示的活动流程和活动要点开展调查活动。

表 8-2　活动实施流程与要点

活动流程	活动内容及活动要点
实地调查与报告撰写	（1）各小组成员根据事先确定的调查内容开展实地调查，并做好信息的记录工作 （2）小组成员对记录的信息进行整理，并撰写调查报告
课堂讲述	（1）每个小组推选两名代表发言，完整讲述本组的实地调查及分析情况 （2）其他小组认真观看，并做好记录
教师点评	全部小组发言结束后，教师点评

活动评价

各组配合指导老师对活动的实施情况进行评价，并将结果填写在表 8-3 所示的考核评价表中。

表 8-3　考核评价表

考核内容	评价标准	分值	评价分数		
			自评	互评	师评
知识与技能评价	（1）能够采用恰当的方法进行实地调查	15			
	（2）所获取的资料具有典型性	20			
	（3）发言逻辑清晰、言之有物	20			
	（4）有自己的见解	20			
综合素养评价	（1）仪容仪表得体	5			
	（2）具备团队精神，能够积极与他人合作	10			
	（3）态度积极、认真参与实践活动	10			
合计		100 分			
总评	自评（25%）+互评（25%）+师评（50%）=	教师（签名）：			

综合测验

一、不定项选择题

1．要做到正确了解、接纳自我，应注意（　　）。

A．全面了解自己　　B．正视自己的不足

C．避免用一元化的标准来要求自己　　D．确定合适的目标

2．民航服务人员的能力要求有（　　）。

A．较强的观察力和准确的判断力　　B．较强的感染力

C．出色的表现能力和表达能力　　D．较强的组织能力

3．民航服务人员的工作压力来源有（　　）。

A．工作时长　　B．工作环境

C．工作内容　　D．工作评价

4．当个体在受到挫折后无法进行攻击，或者攻击后会导致更大的挫折，同时个体又找不到适当的替代物来发泄自己的愤怒情绪，就会出现（　　）反应。

A．攻击　　B．焦虑

C．冷漠　　D．退化

5．个体在遭受挫折后，把别人具有的、自己羡慕的品质加到自己身上，从而寻找一种成功的满足感，这属于（　　）作用。

A．合理化　　B．表同

C．投射　　D．反向

二、填空题

1．______________是指在环境的影响下由自身的心理特征造成的健康问题，是介于心理健康和心理疾病之间的中间状态。

2．______________使民航服务人员能主动、积极地尽职尽责。

3．______________又称“职业枯竭”，是指个体不能应对职业压力时的一种极端反应，是人们因工作时间过长、工作量过大、工作强度过高而产生的一种疲惫不堪的状态。

4．______________指个人对挫折的心理承受能力，即个体适应挫折、抵抗和应付挫折的能力。

三、简答题

1．简述民航服务人员保持心理健康的策略。

2．简述民航服务人员的个性要求。

3．简述如何培养民航服务人员良好的个性。

4．简述防止民航服务人员产生职业倦怠的措施。

5．简述民航服务人员挫折心理应对措施。

四、案例分析题

阅读下面的案例，回答问题。

王经理的一天

王浩是某机场的部门经理。这一天，他7点半才睡醒，发现自己要迟到了。为了尽快出发，他加快了梳洗的速度，结果刮胡子时脸被刮破了。早餐的牛奶又烫着了舌头，脑子里还不时闪现出总经理不满的表情。在公路上，由于不能变换车道，他只能跟在一辆行驶缓慢的汽车后面。他一边不停地按喇叭，一边小声骂着前面的司机。

一进办公室，他就发现秘书还没有把他要的文件打印出来，且不见秘书的踪影。王浩的上司向他解释，秘书正在帮自己处理一项紧急工作，并就迟到的事批评了他。随后，王浩回到办公室，“嘭”地把水杯摔在桌上，水溅到了一些重要的文件上，这让他懊恼不已。在下午召开的中层干部会议上，他一直在想着心事，以致没有发现有一项会议内容是针对他的，总经理暗示他如果集中注意力的话，应该能将工作做得更好。大家都盯着他，让他窘迫不安。

下班时，因为有一些紧急的工作需要处理，导致他比平时晚回家一个小时。紧张、劳累，再加上烦躁的情绪，使他对小孩发了脾气，又惹恼了妻子。晚上，王浩躺在沙发上，盯着天花板直到凌晨才入睡。第二天早上，他又睡过了头，依旧是烦躁不安。

问题：（1）案例中，王经理的工作压力和挫折有哪些？

（2）王经理应该怎样正确对待压力和挫折？

项目学习总结与思考

学习要点与难点	
待（未）解决的问题	
拟解决的方法	
已解决的问题	
经验总结	
学习心得	
思想感悟	